LA CHRISTOLOGIE

LAMPARO

Contact auteur :
Tel. : 1-438 872 4321
Email : ajm@lamparo.org
Web : www.lamparo.org
Québec-Canada

Tous les textes bibliques cités dans cet ouvrage sont tirés de Louis Segond, Édition revue avec références.

Tout droit de reproduction et de traduction réservés.

Éditions à compte d'auteur

ISBN : **978-2-923727-69-1** **(2018)**

Du même auteur;

    L'itinéraire authentique de salut

    La christomancie

    L'Afrique et son destin

    L'alliance de mariage

TABLE DES MATIÈRES

PRÉFACE 7

1. NOTRE PÈRE 11

2. LA FORMULE D'INVOCATION DE L'ÉTERNEL 19

3. LE RÔLE DE CHAQUE ESPRIT SUPRÊME DE DIEU 21

4. LES RITUELS 25

5. LES SACRIFICES 43

6. LIEUX RÉSERVÉS AUX SACRIFICES 83

7. LE DROIT DES SACRIFICATEURS ET DES LÉVITES 89

CONCLUSION 97

PRÉFACE

Le monde et ses composants ne se limitent point à ce que nous voyons ou pensons, ils sont plus complexes et se déploient au-delà même de notre imagination. Vu le caractère dualiste de toute la créature de Dieu, le macrocosme qui porte en lui toutes choses n'échappe pas à ce principe. Et l'homme (le microcosme), le suppléant de Dieu dans le cosmos n'est pas en reste.

Il y a donc deux mondes: *le physique* (visible), et *le parallèle* (invisible). Tout ce qui est visible vient de l'invisible et retourne à l'invisible. Car le monde physique est un monde de vanité et de la poursuite du vent. Tandis que le monde invisible est un monde où se trouve la perfection, et c'est là que Dieu a caché les choses importantes et éternelles que les hommes ont besoin pour leur épanouissement. Les occupants du monde parallèle sont: *les saints anges au service du*

Père divin et de son peuple par alliance avec Christ; et les démons au service de la Mère divine et de son peuple par alliance avec Satan. Mais la vraie perfection vient du ciel et les pacotilles viennent de Babylone. Pour pénétrer ce monde invisible, il faut suivre scrupuleusement les règles établies par l'Éternel, le Dieu suprême, en passant par l'un de ses deux entités spirituelles.

Car le monde physique et parallèle se côtoient, et seuls les initiés en Christ ou en Satan peuvent y avoir facilement accès, grâce à ces deux ponts distincts qui les relient.

C'est pour cela que l'homme a été créé à l'image de Dieu. Pour développer le monde physique qui lui a été confié, il lui faut explorer de temps en temps le monde de la perfection invisible (spirituel) où se trouve la clé de la réussite de tout, et de s'en servir pour ouvrir les portes qui lui sont fermées dans le monde physique, afin d'obtenir ce qu'il veut.

Car nous sommes des dieux, et Dieu a tout soumis au fils de l'homme, même les esprits qui sont supérieurs en force et en puissances; excepté Dieu lui-même.

Mais c'est l'ignorance qui empêche beaucoup d'hommes de se rendre maître de la terre, et l'enferme inexorablement à la souffrance.

Pour mériter son titre de prince de l'univers, tout homme est appelé à travailler en étroite collaboration avec l'Éternel en passant par Jésus-Christ ou par Satan, qui incarnent respectivement sa puissance dans le bien et dans le mal (Zacharie 4 : 14).

Car l'homme ne peut réussir dans la vie sans eux. Mais toute la science de Dieu est confinée dans son Christ, et sans lui, l'homme ne peut rien faire de lui-même qui puisse émerveiller.

Dieu n'a donc pas donné le pouvoir à l'homme du bout des lèvres (Genèse 1 : 26-28; Luc 10 : 19), il lui a aussi montré le chemin d'accès au travers de cette prière très énigmatique: ***Notre Père qui est aux cieux.***

La christologie est donc un ensemble de connaissances cultuelles pratiques que Dieu a enseigné à ses fidèles au travers de sa parole vivante et puissante, le Christ, pour obtenir sa faveur (les formules d'invocations des sept esprits de l'Éternel, et d'incantations accompagnées des rituels et sacrifices appropriés); que tous ses enfants doivent mémoriser et appliquer quand le besoin se fait sentir. Car nous sommes tous un royaume de sacrificateurs.

CHAPITRE 1

NOTRE PÈRE

Notre Père qui est aux cieux n'est pas une vulgaire récitation que chacun peut à son gré prononcer, afin que ses besoins soient pourvus; mais un enseignement pratique émis par le Seigneur à son peuple afin d'obtenir la faveur de l'Éternel.

Nous avons tous un Père commun, qui se nomme l'Éternel *(les sept esprits suprêmes de Dieu en grandeur nature)*, et Créateur de nos âmes. Et nous avons individuellement un Père et Créateur de notre corps, que l'Éternel, le Père universel détache de ses sept esprits suprêmes, pour accompagner chaque âme sur la terre et façonne son corps physique dans le sein maternel; lui donne le mouvement et l'être, et l'aide dans l'accomplissement de ses tâches durant son séjour, sur terre.

Ainsi, l'Éternel, le Dieu de l'univers est en contact permanent avec ses sept esprits en miniature qui cohabitent avec l'âme de chaque individu dans son corps, et ils lui donnent tous les renseignements sur le comportement de son sujet. Ils laissent le libre arbitre à l'homme et surveillent ses moindres faits et gestes; et décident de son bien-être ou de son mal-être.

Malgré la coexistence de l'esprit de Dieu avec l'âme dans le corps de l'homme, il n'y a pas souvent l'entente parfaite entre les deux. Car l'âme de l'homme est de nature désobéissante et ne se soumet pas toujours aux sommations de son Père, qui a le droit de vie et de mort sur elle.

Cependant, la réussite de l'homme dépend de l'harmonie de son âme avec son Père; si la relation entre les deux est conflictuelle, Dieu restreint l'action de ses sept esprits en lui aux choses ordinaires et naturelles et lui impose la souffrance sous toutes ses formes.

S'il y a une alliance de paix et d'obéissance entre les deux par son Christ, ou par Satan, et que son âme se soumette, Dieu élargit le champ d'action de ses sept esprits, pour lui permettre de faire des choses extraordinaires et lui accorde la prospérité à tout égard.

Car les sept esprits du Père en miniature habite en chacun de nous avec sa dualité *(le bien et le mal)* et se connecte à l'âme par la conscience, l'âme à son tour véhicule ses désirs dans le corps physique au travers du sang, et le fait entrer en action, selon ses penchants.

Le Dieu du bien s'appelle Christ et le dieu du mal s'appelle Lucifer. Ils sont tous deux les oints de l'Éternel, assis à sa droite et à sa gauche. Chacun a son évangile et possède le pouvoir d'opéré les prodiges et les miracles en faveur de ses alliés. Jésus-Christ a en sa disposition tous les saints anges qui lui servent de serviteurs auprès de son peuple pour les attirer dans le bien et pour bénir ses fidèles. Lucifer, le diable a aussi en sa disposition tous les anges déchus appelés démons qui lui servent de serviteurs auprès des hommes pour les attirer dans le mal et pour apporter des solutions aux demandes de ses agents.

Pour entrer en contact avec les sept esprits suprêmes de l'Éternel du côté positif ou du côté négatif, l'homme doit obligatoirement être lié à l'un de ses mentors, et passer par lui, en se conformant à ses rituels et à ses formules d'invocation, afin d'obtenir ce qu'il désire.

Car il y a un seul Éternel (le Père divin et la Mère divine), qui exauce les disciples de Christ par Jésus, et les disciples de Satan par Lucifer. Les deux sont incontournables. Celui qui les esquive est voué à l'échec.

Avant de devenir spirituellement conscient de son appartenance pour l'un ou l'autre, l'homme sert d'abord les deux de façon naturelle, sans véritablement discerner ce qu'il fait. Ce sont les revers de la vie qu'il subit qui le rappellent à l'ordre.

S'il prend l'engagement de chercher l'Éternel de plein gré, lui jure fidélité en faisant alliance avec lui par Jésus-Christ, il le trouve facilement, et Dieu lui donne du repos de tous côtés. En ce temps-là, il a intérêt à apprendre les formules d'invocation de l'Éternel, la pratique de ses rituels et ses sacrifices, et surtout le respect de l'éthique spirituel, afin de parvenir à ses aspirations. L'enseignement de Jésus-Christ à ce sujet nous amène directement sur: ***Notre Père qui est aux cieux.*** Lorsque Jésus-Christ dit à ses disciples; quand vous priez, dites:

Notre Père qui est aux cieux! Que ton nom soit sanctifié; que ton règne vienne; que ta volonté soit faite sur la terre comme au ciel.

Donne-nous aujourd'hui notre pain quotidien; pardonne-nous nos offenses, comme nous aussi nous pardonnons à ceux qui nous ont offensés; ne nous induis pas en tentation, mais délivre-nous du malin. Car c'est à toi qu'appartiennent, dans tous les siècles, le règne, la puissance et la gloire. Amen!

Et il ajoute: **si vous pardonnez aux hommes leurs offenses, votre Père céleste vous pardonnera aussi; mais si vous ne pardonnez pas aux hommes, votre Père ne vous pardonnera pas non plus vos offenses.**

Cela nous pousse au décryptage de ce précieux passage. Car le Notre Père qui est aux cieux nous dirige tous vers l'action vis-à-vis de Dieu, afin de provoquer sa réaction.

-La première chose à retenir lorsque nous adressons n'importe quelle prière à Dieu est que: **Notre Père à tous a sa demeure dans les cieux; qu'il s'appelle L'ÉTERNEL; qu'il est un ensemble des sept esprits suprêmes de Dieu, qui ont chacun un rôle spécifique à jouer sur tout ce qui se passe dans l'Univers; qu'il** est omnipotent, omniscient et omniprésent, qu'il détient en lui: toute la puissance du bien et mal; qu'il est le Tout-Puissant; qu'il habite en miniature dans notre corps et connaît qui nous sommes réellement. **Et que c'est par l'intermédiaire de Jésus-Christ qu'il se met vite en action en faveur des croyants qui font sa volonté. Car Jésus a le pouvoir de fermer ou de donner libre accès à nos prières auprès des sept esprits suprêmes qui habitent son corps.** (Apocalypse 3 : 1). **D'où la nécessité de conclure une alliance de paix avec lui, afin qu'il y ait une parfaite harmonie entre l'Éternel et notre âme.**

-La deuxième est que: *nous devons sanctifier le nom sacré de l'Éternel en se gardant d'être des parjures, mais en persévérant dans la sainte alliance de Christ par la mise en pratique de sa parole par la foi.* (Hébreux 11 : 6).

-La troisième est que: *nous devons accepter que l'Éternel règne sur nous, en Maître absolu, en lui restant fidèle et intègre, et en l'honorant avec nos dîmes, offrandes, etc.* (Matthieu 43 : 33-44).

-La quatrième est que: *nous devons faire sans contestation toute sa volonté sur la terre qu'il nous indique dans la consultation de sa parole, comme elle se fait déjà dans le royaume des cieux par ses anges.* (Matthieu 7 : 21-27).

-La cinquième est que: *nous devons demander quotidiennement à l'Éternel notre pain, plutôt que de rechercher le pain du mystère.* (Matthieu 6 : 31-33).

-La sixième est que: *avant d'implorer le pardon de nos péchés auprès de l'Éternel au nom de Jésus-Christ, nous devons d'abord pardonner à nos semblables qui nous ont offensé, quelle que soit la gravité de leur faute.* (Matthieu 6 : 14-15).

-La septième est que: *nous devons toujours jeûner et prier, lorsque le Seigneur nous le demande au travers de la consultation de sa parole, afin que l'Éternel ne nous laisse pas en proie à la tentation et nous délivre du mal. Car c'est à lui qu'appartiennent, dans tous les siècles, le règne, la puissance et la gloire. Amen!* (Matthieu 26 : 41).

Celui qui remplit sans fausse note tout ce qui venait d'être dit, lui est agréable, et peut avec confiance s'attendre à l'exaucement de sa prière. Car il est écrit: *si vous demeurez en moi, et que mes paroles demeurent en vous, demandez ce que vous voudrez, et cela vous sera accordé.* Jean 15 : 7.

Celui qui a mes commandements et qui les garde, c'est celui qui m'aime; et celui qui m'aime sera aimé de mon Père, je l'aimerai, et je me ferai connaître à lui. Jean 14 : 21.

CHAPITRE 2

LA FORMULE D'INVOCATION DE L'ÉTERNEL

Toute intention de prière d'un enfant de Dieu adressée à l'Éternel au nom de Jésus-Christ, commencera toujours par la proclamation du nom de l'Éternel, selon qu'il est écrit:

L'Éternel, l'Éternel, Dieu miséricordieux et compatissant, lent à la colère, riche en bonté et en fidélité, qui conserve son amour jusqu'à mille générations, qui pardonne l'iniquité, la rébellion et le péché, mais qui ne tient point le coupable pour innocent, et qui punit l'iniquité des pères sur les enfants et sur les enfants des enfants jusqu'à la troisième et à la quatrième génération! Je t'invoque ou je t'implore ou je te supplie au nom de ton Fils Jésus-Christ.

On s'inclinera et se prosternera à terre devant l'Éternel, et on lui fera ensuite connaître son sujet de prière, en disant: si j'ai trouvé grâce à tes yeux, que le Seigneur fasse ou accorde ceci ou cela à son serviteur ou servante.

Si la demande rencontre l'assentiment de Dieu, le demandeur obtiendra l'exaucement, mais si elle est censurée, il ne recevra rien.

Le sujet de prière doit s'adresser en toute bonne conscience à l'Éternel via son esprit qui a la compétence requise pour résoudre le problème. Exemple: *accorde-moi l'intelligence (...); la vie ou la guérison ou la résurrection; la force de...; ou fortifie-moi ou délivre-moi de ...; la sagesse de ...; la justice; l'amour de ...; tue la relation entre moi et X.*

Chacun des sept esprits de Dieu a son vaste domaine de prédilection. Ils attendent toujours les ordres de Jésus-Christ pour entrer en action. Car il les a tous en sa disposition. (Apocalypse 3 : 1).

Ils ont à leur tête sept étoiles appelés archanges ou ministres, ayant à leurs services de milliards d'anges de divers rang prêts à voler au secours des humains qui en font la demande, et à qui Dieu accorde sa grâce.

CHAPITRE 3

LE RÔLE DE CHAQUE ESPRIT SUPRÊME DE DIEU

Chaque esprit suprême de l'Éternel est un ministère à part entière chargé de résoudre les problèmes spécifiques des hommes qui frappent à leur porte et qui leur expriment leurs demandes au nom de Jésus-Christ.

1-L'esprit d'intelligence résout les problèmes de: *conception de projet; recherche: spirituelles, intellectuelles, scientifiques et techniques; de mémorisation; d'étude; d'éducation; d'apprentissage; d'invention ou de création; etc.* Il planifie dans l'abstrait, et amplifie la connaissance.

LA CHRISTOLOGIE

2-L'esprit de vie résout les problèmes de: *concrétisation; procréation; matérialisation; conscientisation; résurrection; construction; etc.* Il donne la vie et l'être.

3-L'esprit de force résout les problèmes de: *combat; compétition; concurrence; conquête; triomphe; réussite dans tous les domaines; libération; éjection; déblocage; intervention; sécurité; protection; délivrance; séparation; etc.* Il fortifie et donne le mouvement.

4-L'esprit de sagesse résout les problèmes de: *gouvernance; éthique; acquisition; prudence; modération; rangement; etc.* Il discerne le bien et le mal.

5-L'esprit de justice rétablit: *le droit; l'équité dans le partage; règle les conflit; juge; condamne; acquitte; promulgue les lois; règlemente la conduite; prononce les sentences; etc.* Il rend justice.

6-L'esprit d'amour résout les problèmes de: *sentiment; mariage; réconciliation; miséricorde; altruiste; solidarité; entraide; bienveillance; union; etc.* Il procure la paix, le bien-être et la joie de vivre.

7-L'esprit de la mort résout les problèmes de: *destruction; d'anéantissement; d'assoupissement; de repos; guérit toutes maladies; maudit; etc. Il aide aussi à chasser; à pêcher; à tuer; à cuire, à manger et à broyer les aliments pour la survie; à haïr.*

Il procure: la tristesse, le trouble, la stérilité, les maladies, la désolation, les désastres, le divorce, les calamités, les pandémies, le stress, la famine, le dessèchement, les tremblements de terre, les incendies, la criminalité, la méchanceté, etc. Il met un terme à l'existence physique de toutes les créatures.

Les sept esprits de Dieu sont indissociables et agissent toujours en synergie sous la bannière de Jésus-Christ.

Lorsque quelqu'un fait une demande à Dieu, le Seigneur transmet sa requête à qui de droit, et les autres entre en action avec lui pour la réussite de l'opération. C'est pourquoi, lors du rituel de délivrance par exemple, le serviteur de Dieu, en imposant ses mains sur son patient, fera honneur à l'esprit de force en le mettant à l'avant-garde du combat, et dira: *esprit de force suprême de l'Éternel, entre en action dans ce corps, et éjecte de force les démons qui s'y trouvent, et transfert-les dans le corps de Jésus, ainsi soit-il!* Il constatera avec joie la manifestation de la puissance de Dieu, s'il est en accord avec lui, et ne doute pas.

CHAPITRE 4

LES RITUELS

Les rituels qui accompagnent les prières sont un ensemble de pratiques cultuelles et cérémonielles qu'on rend à Dieu, et qui donnent une certaine importance à nos personnes et à nos requêtes devant l'Éternel. Ils sont répartis en quatre groupes: les jeûnes; l'huile d'onction sainte; le sel et l'eau de purification.

1- LES JEUNES

Le jeûne est une demande d'audience spirituelle qui prépare l'homme à la rencontre de son Dieu par la sanctification et l'humiliation de son âme, afin de lui laisser libre accès auprès de l'Éternel pour faire entendre sa voix. Généralement, le jeûne s'accompagne toujours de bonnes œuvres ou de la libéralité, et donne ainsi de la saveur à nos prières.

Selon qu'il est écrit: *que nous sert de jeûner, si tu ne le vois pas? De mortifier notre âme, si tu n'y as point égard? Voici, le jour de votre jeûne, vous vous livrez à vos penchants, et vous traitez durement tous vos mercenaires. Voici, vous jeûnez pour disputer et vous quereller, pour frapper méchamment du poing; vous ne jeûnez pas comme le veut ce jour, pour que votre voix soit entendue en haut.*

Est-ce là le jeûne auquel je prends plaisir, un jour où l'homme humilie son âme? Courber la tête comme un jonc, et se coucher sur le sac et la cendre, est-ce là ce que tu appelleras un jeûne, un jour agréable à l'Éternel?

-Voici le jeûne auquel je prends plaisir: détache les chaînes de la méchanceté, dénoue les liens de la servitude, renvoie libres les opprimés, et que l'on rompe toute espèce de joug; partage ton pain avec celui qui a faim, et fais entrer dans ta maison les malheureux sans asile; si tu vois un homme nu, couvre-le, et ne te détourne pas de ton semblable.

Alors ta lumière poindra comme l'aurore, et ta guérison germera promptement; ta justice marchera devant toi, et la gloire de l'Éternel t'accompagnera. Alors tu appelleras, et l'Éternel répondra; tu crieras, et il dira: me voici! Si tu éloignes du milieu de toi le joug, les gestes menaçants et les discours injurieux, si tu donnes ta propre subsistance à celui qui a faim, si tu rassasies l'âme indigente, ta lumière se lèvera sur l'obscurité, et tes ténèbres seront comme le midi.

L'Éternel sera toujours ton guide, il rassasiera ton âme dans les lieux arides, et il redonnera de la vigueur à tes membres; tu seras comme un jardin arrosé, comme une source dont les eaux ne tarissent pas. Les tiens rebâtiront sur d'anciennes ruines, tu relèveras des fondements antiques; on t'appellera réparateur des brèches, celui qui restaure les chemins, qui rend le pays habitable.

Si tu retiens ton pied pendant le sabbat, pour ne pas faire ta volonté en mon saint jour, si tu fais du sabbat tes délices, pour sanctifier l'Éternel en le glorifiant, et si tu l'honores en ne suivant point tes voies, en ne te livrant pas à tes penchants et à de vains discours, alors tu mettras ton plaisir en l'Éternel, et je te ferai monter sur les hauteurs du pays, je te ferai jouir de l'héritage de Jacob, ton père; car la bouche de l'Éternel a parlé. Ésaïe 58.

Le jeûne existe sous plusieurs formes: le jeûne de pâque; le jeûne de délivrance; le jeûne d'expiation; le jeûne d'intercession; le jeûne de purification; le jeûne de consécration; le jeûne d'Esther; le jeûne de Daniel et le jeûne ordinaire.

a- Le jeûne de pâque

C'est un jeûne de repentance générale, qui a été institué par Dieu pour la sortie victorieuse des nouveaux convertis de la postérité spirituelle d'Abraham du pays d'Égypte *(la servitude de Satan)*; pour son entrée dans le désert en direction de la terre promise.

Il consiste à s'abstenir du manger, du boire, du tabac, des stupéfiants, de médicaments, du sexe; etc. pendant sept jours, du lever au coucher du soleil, pendant lesquels, on confesse tous ses péchés à Dieu au nom de Jésus-Christ *(l'Agneau de Dieu qui ôte les péchés du monde)*, on se débarrasse du vieux levain *(les abominations de l'idolâtrie, qui empoisonnent nos vie et provoquent l'inimitié entre nous et notre Dieu)*; et on restitue les choses mal acquises ou volées, afin de se réconcilier avec les sept esprits de l'Éternel qu'on avait offensés d'une manière ou d'une autre par leur mauvaise utilisation. *(Exode 12)*.

Il peut se faire avec ou sans le baptême par immersion, qui est justement un engagement d'une bonne conscience envers Dieu, mais l'Éternel pardonnera le péché et ne tiendra point le coupable pour innocent.

Il sert aussi pour le renouvellement volontaire, individuel et solennel de la sainte alliance sur la demande expresse du Seigneur dans la consultation de sa parole, et est toujours clôturé par un repas sacré appelé: *la sainte cène. (1 Corinthiens 11 : 23-34)*. Il rétablit la paix et la concorde entre l'homme et Dieu et sert aussi pour le rechargement spirituel.

b- Le jeûne de délivrance

Le jeûne de délivrance est la mortification du corps du malade par l'abstinence *(voir le jeûne de pâque)*, renouvelable une fois, que le serviteur de Dieu lui impose après avoir invoqué sur lui, l'esprit de mort suprême de l'Éternel au nom de Jésus-Christ, afin qu'il tue cette maladie à la source.

Il procèdera par la suite à la vérification de l'état évolutif ou régressif de la situation de son patient avant tout pronostic *(Lévitique 13 et 14)*.

Par ce jeûne, les sept esprits de l'Éternel indiquent au serviteur de Dieu, si cet homme a trouvé grâce aux yeux de Dieu pour être guéri ou non de sa maladie, quelle que soit sa gravité *(Nombres 12 : 13-15)*.

La guérison des maladies par les serviteurs de Dieu n'est donc pas acquise d'avance, tout dépend de l'état d'esprit du malade et de la seule volonté de Dieu qui fait miséricorde à qui il veut.

Ce même jeûne délivre de toute possession démoniaque; des esprits de vampire de la sorcellerie; des pactes et sectes sataniques et guérit la folie. Pour y parvenir, le serviteur de Dieu qui opère doit se sanctifier par le jeûne d'un jour, afin de se protéger lui-même, et invoquer ensuite l'*esprit de force suprême* de l'Éternel pour bouter hors du corps de son patient les démons ou les gourous qui le tiennent captif.

Mais les enfants de zéro à onze-ans ans ne feront pas le jeûne de délivrance; les parents pourront le faire à leur place. Tout homme ou femme en quête de délivrance, qui a pactisé volontairement avec Satan ou qui détient des secrets de nature à compromettre sa libération doit obligatoirement tout confesser au serviteur de Dieu et remettre l'arsenal maléfique *(les interdits)*, ainsi que les biens de Satan, auquel cas, cette délivrance n'aura pas lieu.

En ce qui concerne les fous, ils doivent être enfermés et surveillés jusqu'à la fin des sept jours du jeûne, renouvelables ou non, pour un résultat probant.

Avant d'entamer la délivrance, le serviteur de Dieu, par mesure de prudence consultera la parole de l'Éternel, afin de connaître la volonté de Dieu sur son patient et ce qu'il peut avoir à lui reprocher ou non.

c- Le jeûne d'expiation

C'est un jeûne de purification, qui se fait sur la demande du Seigneur à son serviteur lors de la consultation de sa parole, pour faire au nom de Jésus-Christ l'expiation du sanctuaire à cause des impuretés des enfants d'Israël et de toutes les transgressions par lesquelles ils ont péché; pour la purification de la maison de Dieu, qui est avec eux au milieu de leurs impuretés.

Il ne doit y avoir personne dans le lieu de rencontre avec Dieu lorsque le sacrificateur y entre pour faire l'expiation dans le sanctuaire, jusqu'à ce qu'il en sorte. Il fera aussi l'expiation pour lui et pour sa maison, et pour toute l'assemblée.

En sortant, il ira vers l'autel qui est devant l'Éternel, et il fera l'expiation pour l'autel; il mettra l'huile d'onction sur les cornes *(les quatre coins)* de l'autel et tout autour. Il en fera avec son doigt sept fois l'aspersion sur l'autel; pour le purifier et le sanctifier, à cause des impuretés des enfants d'Israël.

Lorsqu'il aura achevé de faire l'expiation pour le sanctuaire, pour la tente d'assignation et pour l'autel, il confessera au nom de Jésus-Christ, toutes les iniquités des enfants d'Israël et toutes les transgressions par lesquelles ils ont péché.

Tous les enfants de Dieu de cette assemblée humilieront par la suite leurs âmes *(par le jeûne)*, et ne feront aucun ouvrage, ni l'indigène, ni l'étranger qui séjourne au milieu d'eux.

Car en ce jour on fera l'expiation pour eux, afin de les purifier; et ils seront purifiés de tous leurs péchés devant l'Éternel. Ce sera pour eux un sabbat, un jour de repos. Le serviteur de Dieu restera aussi dans l'abstinence jusqu'au soir. *(Lévitique 16)*.

Ce rituel efface complètement les péchés et purifie toutes les souillures du corps, de l'âme et de l'esprit, mais ne justifie pas.

d- Le jeûne d'intercession

C'est un jeûne volontaire, individuel ou collectif, qui est utile pour implorer la miséricorde ou le secours de Dieu en faveur d'une tierce personne malade ou en difficulté. Il peut durer de un à sept jours jusqu'au rétablissement. Si après sept jours d'intercession, il n'y pas d'amélioration, alors, on arrête, car Dieu refuse l'exaucement. *(2 Samuel 12 : 15-23)*.

Par contre, si celui pour qui on prie est un bébé, un enfant, un malade très affaibli, ou très souffrant, vous pouvez par compassion demander à Dieu de vous faire porter une portion de sa douleur, mais ne vous plaignez surtout pas ensuite, supportez en silence la souffrance que vous subirez et sa guérison germera promptement. Car Dieu aime ceux qui portent les fardeaux les uns pour les autres.

e- Le jeûne de purification

C'est un jeûne qui purifie des souillures du deuil. Selon qu'il est écrit: ***celui qui touchera un mort, un corps humain quelconque, sera impur pendant sept jours. Il se purifiera*** *(jeûnera sept jours)* ***le troisième*** *et le septième jour, un homme pure fera sur lui sept fois l'aspersion avec l'eau de purification au nom de Jésus-Christ, et il sera pur; mais, s'il ne se purifie pas le troisième jour et le septième jour, il ne sera pas pur.*

Celui qui touchera un mort, le corps d'un homme qui sera mort, et qui ne se purifiera pas, souille le tabernacle de l'Éternel; celui-là sera retranché d'Israël. Comme l'eau de purification n'a pas été répandue sur lui, il est impur, et son impureté est encore sur lui. *(Nombres 19 : 11-13).*

La loi de la purification des souillures

Lorsqu'un homme mourra dans une tente, quiconque entrera dans la tente, et quiconque se trouvera dans la tente, sera impur pendant sept jours. Tout vase découvert, sur lequel il n'y aura point de couvercle attaché, sera impur.

Quiconque touchera, dans les champs, un homme tué par l'épée, ou un mort, ou des ossements humains, ou un sépulcre, sera impur pendant sept jours.

On prendra, pour celui qui est impur, l'eau vive *(bénite)* dans un vase. Un homme pur en fera l'aspersion sur la tente, sur tous les ustensiles, sur les personnes qui sont là, sur celui qui a touché des ossements, ou un homme tué, ou un mort, ou un sépulcre.

Celui qui est pur fera l'aspersion sur celui qui est impur, le troisième jour et le septième jour de son jeûne. Il lavera ses vêtements, et se lavera dans l'eau; et le soir, il sera pur *(jeûnera)*.

Un homme qui sera impur, et qui ne se purifiera pas, sera retranché du milieu de l'assemblée, car il a souillé le sanctuaire de l'Éternel. Ce sera pour eux une loi perpétuelle. Celui qui fera l'aspersion de l'eau de purification lavera ses vêtements, et celui qui touchera l'eau de purification sera impur jusqu'au soir. Tout ce que touchera celui qui est impur sera souillé, et la personne qui le touchera sera impure jusqu'au soir. *(Nombre 19 : 14-22)*.

f- Le jeûne de consécration

Le jeûne de consécration concerne uniquement les hommes et les femmes qui se consacrent volontairement à Dieu ou par les prophètes sur ordre de l'Éternel pour le service de sa maison et de son sanctuaire.

Pendant sept jours, ils ne sortiront point de l'entrée de la tente d'assignation, jusqu'à ce que les jours de leur consécration soient accomplis; car sept jours seront employés à les consacrer.

L'Éternel a ordonné de le faire comme expiation pour eux. Ils resteront donc sept jours à l'entrée de la tente d'assignation, jour et nuit, et ils observeront les commandements de l'Éternel, afin qu'ils ne meurent pas; car c'est là ce qui a été ordonné à Moïse. *(Lévitique 8 : 33-35).*

g- Le jeûne d'Esther

C'est un jeûne de consternation à sec de trois jours et trois nuits par lequel une ou plusieurs personnes s'accordent à invoquer le secours de l'Éternel dans une situation pressante de confusion et de détresse. Et la réponse est souvent garantie. *(Esther 4 à 10; Joël 2).*

h- Le jeûne de Daniel

C'est un régime végétarien à durée indéterminée qu'une personne s'impose devant l'Éternel, son Dieu jusqu'à l'obtention de ce que son âme désire. Il concerne surtout ceux qui veulent accroître leur intelligence *(Daniel 1).*

i- Le jeûne ordinaire

C'est une période d'abstinence volontaire allant de un à plusieurs jours, qui accompagne la prière d'imploration de la miséricorde de l'Éternel sur un sujet précis. *(Daniel 2 : 16-23).*

2- L'HUILE D'ONCTION SAINTE

L'huile d'onction sainte sert pour la sanctification et l'élévation. L'Éternel ordonna ceci à Moïse pour sa composition: *prends des meilleurs aromates, cinq cents sicles de myrrhe, de celle qui coule d'elle-même; la moitié, soit deux cent cinquante sicles, de cinnamome aromatique, deux cent cinquante sicles de roseau aromatique, cinq cents sicles de casse, selon le sicle du sanctuaire, et un hin d'huile d'olive.*

Tu feras avec cela une huile pour l'onction sainte, composition de parfums selon l'art du parfumeur; ce sera l'huile pour l'onction sainte.

Tu en oindras la tente d'assignation et l'arche du témoignage, la table et tous ses ustensiles, le chandelier et ses ustensiles, l'autel des parfums, l'autel des holocaustes et tous ses ustensiles, la cuve avec sa base.

Tu sanctifieras ces choses, et elles seront très saintes, tout ce qui les touchera sera sanctifié. Tu oindras Aaron et ses fils, et tu les sanctifieras, pour qu'ils soient à mon service dans le sacerdoce.

Tu parleras aux enfants d'Israël, et tu diras: ce sera pour moi l'huile de l'onction sainte, parmi vos descendants. On n'en répandra point sur le corps d'un homme, et vous n'en ferez point de semblable, dans les mêmes proportions; elle est sainte, et vous la regarderez comme sainte. Quiconque en composera de semblable, ou en mettra sur un étranger, sera retranché de son peuple. Exode 30 : 2-33.

Mais au temps de la foi en Christ, l'huile d'onction sainte peut être bénie par le seul nom de Jésus et aura le même effet que celle qui est composée.

La bénédiction d'huile d'onction sainte

L'huile d'onction sainte n'est pas forcement l'huile d'olive, mais toute autre huile végétale à l'état brut ou blanchie.

Celui ou celle qui se charge de bénir cette huile jeûnera le jour même, du matin jusqu'au soir. Il prendra la quantité d'huile à bénir, ôtera le couvercle, la mettra devant lui, étendra ses deux mains au-dessus du récipient, et fera la prière suivante:

L'Éternel, l'Éternel, Dieu miséricordieux et compatissant, lent à la colère, riche en bonté et en fidélité, qui conserve son amour jusqu'à mille générations, qui pardonne l'iniquité, la rébellion et le péché, mais qui ne tient point le coupable pour innocent, et qui punit l'iniquité des pères sur les enfants et sur les enfants des enfants jusqu'à la troisième et à la quatrième génération!

Je t'invoque au nom de ton Fils Jésus-Christ, par lequel toutes choses sont sanctifiées et purifiées.

Éternel, si j'ai trouvé grâce à tes yeux, fait luire ta sainte face sur cette huile, déverse sur elle, ta puissance suprême et ta grâce, pour qu'elle serve à la sanctification et la purification; anéantisse toutes forces de l'ennemi et délivre de toutes adversités sataniques, tous ceux et celles qui s'en serviront, afin qu'ayant retrouvés la santé physique et spirituelle, ils puissent rendre gloire et honneur à toi, le seul vrai Dieu, qui sauve, délivre et guérit. Ainsi soit-il!

Maintenant, toi, créature d'huile, je te conjure par les sept esprits suprêmes et bienfaiteurs de l'Éternel. Que tout ce qui est négatif s'enfuit de toi, afin que tu procures salut de l'âme et santé du corps au nom de Jésus-Christ et par la manifestation du Saint-Esprit. Ainsi soit-il! Je proclame ta sanctification au nom de Jésus-Christ. Amen!

3- LE SEL

Le sel est une substance aux multiples vertus, qui participe avec succès aux divers rituels. Il assainit tout lieu où il est jeté *(II Rois 2 : 19-22)*; disperse les démons et les sorciers; détruit les enchantements et incantations; enlève la poisse et purifie le corps interne et externe des maladies démoniaques et de sorcellerie au travers des lavages.

Il est utilisé sur les offrandes *(Lévitique 2 : 13)*; pour le bain des nouveau-nés *(Ézéchiel 16 : 4-5)*. Le

Seigneur compare tous ses disciples à du sel *(Matthieu 5 : 13)*; et veut que tous les hommes et femmes soient salés de feu. Car pour lui, le sel est une chose excellente. *(Marc 9 : 49-51)*.

La bénédiction du sel

Celui ou celle qui se charge de bénir le sel jeûnera le jour même, du matin jusqu'au soir. Il prendra la quantité de sel à bénir, la mettra devant lui dans un récipient, versera une portion d'huile sainte dessus proportionnellement à la quantité de sel. Il mélangera les deux corps jusqu'à la disparition complète de toute trace d'huile sur le sel. Il étendra ensuite ses deux mains en haut au-dessus du sel, et fera la prière suivante:

L'Éternel, l'Éternel, Dieu miséricordieux et compatissant, lent à la colère, riche en bonté et en fidélité, qui conserve son amour jusqu'à mille générations, qui pardonne l'iniquité, la rébellion et le péché, mais qui ne tient point le coupable pour innocent, et qui punit l'iniquité des pères sur les enfants et sur les enfants des enfants jusqu'à la troisième et à la quatrième génération!

Je t'invoque au nom de ton Fils Jésus-Christ, par lequel toutes choses sont sanctifiées et purifiées.

Éternel, si j'ai trouvé grâce à tes yeux, fait luire ta sainte face sur cette substance, déverse ta puissance et ta force suprême sur elle, pour qu'elle apporte sa saveur salutaire aux nécessiteux; serve à la guérison de la stérilité et de toutes maladies; dissipe toute malice et ruse diabolique, et assainisse tout sur son passage pour ceux et celles qui s'en serviront, afin qu'ayant retrouvés la paix, ils puissent rendre gloire et honneur à toi, le seul vrai Dieu, qui sauve, délivre et guérit. Ainsi soit-il!

Maintenant, toi, créature de sel, je te conjure par les sept esprits suprêmes et bienfaiteurs de l'Éternel. Devient sel béni et procure à tous ceux et celles qui useront de toi, santé de l'âme et du corps et que de tout lieu où tu seras répandu s'enfuie et disparaisse toute illusion et méchanceté, ainsi que tout esprit immonde, conjuré au nom de Jésus-Christ, qui a dépouillé les dominations et les autorités, et les a livrées publiquement en spectacle, en triomphant d'elles par la croix, et par la manifestation du Saint-Esprit. Ainsi soit-il! Je proclame ta sanctification au nom de Jésus-Christ. Amen!

4- L'EAU DE PURIFICATION

L'origine de l'eau de purification ou d'eau expiatoire remonte au temps de Moïse. Elle était composée de: **la cendre d'une vache rousse; de l'hysope et du cramoisi.** *(Nombres 19).* Au temps actuel de la foi en Christ, on la mélange avec un peu de sel béni et on la sanctifie au nom de Jésus-Christ.

La bénédiction d'eau de purification

Celui ou celle qui se charge de bénir l'eau jeûnera le jour même, du matin jusqu'au soir. Il prendra la quantité d'eau à bénir, la mettra devant lui dans un ou plusieurs récipients, jettera une pincée de sel béni dans l'eau contenue dans chaque vase, proportionnellement à la quantité d'eau. Il étendra ensuite ses deux mains en haut au-dessus des eaux, et fera la prière suivante:

L'Éternel, l'Éternel, Dieu miséricordieux et compatissant, lent à la colère, riche en bonté et en fidélité, qui conserve son amour jusqu'à mille générations, qui pardonne l'iniquité, la rébellion et le péché, mais qui ne tient point le coupable pour innocent, et qui punit l'iniquité des pères sur les enfants et sur les enfants des enfants jusqu'à la troisième et à la quatrième génération!

Je t'invoque au nom de ton Fils Jésus-Christ, par lequel toutes choses sont sanctifiées et purifiées.

Éternel, si j'ai trouvé grâce à tes yeux, fait luire ta sainte face sur ces eaux contenues dans ces récipients, déverse ta puissance et ta force suprême en elles, pour qu'elles servent à la purification de tous ceux et celles qui s'en serviront, afin qu'ayant retrouvés la paix, ils puissent rendre gloire et honneur à toi, le seul vrai Dieu, qui sauve, délivre et guérit. Ainsi soit-il!

LA CHRISTOLOGIE

Maintenant, toi, créature de l'eau contenue dans ces récipients, je te conjure par les sept esprits suprêmes et bienfaiteurs de l'Éternel. Devient eau vivifiante et procure à tous ceux qui useront de toi, pureté de l'âme et du corps et que de tout lieu où tu seras répandu s'enfuie et disparaisse toute impureté, conjuré au nom de Jésus-Christ, et par la manifestation du Saint-Esprit. Ainsi soit-il! Je proclame ta purification au nom de Jésus-Christ. Amen!

Ces trois éléments *(l'huile, le sel, l'eau)* peuvent être bénis simultanément ou séparément.

CHAPITRE 5

LES SACRIFICES

Le sacrifice est une offrande rituelle qu'on fait généralement à Dieu pour attirer sa bienveillance; il est caractérisé par la dévotion totale ou temporaire; par le renoncement et l'immolation réelle ou symbolique d'une personne, d'une chose ou d'une bête.

Les sacrifices accompagnent souvent les rituels, et les deux attirent non seulement la faveur de l'Éternel, mais encore renversent l'ordre des choses dans leur logique. Car il est écrit: *dans vos jours de joie, dans vos fêtes, et à vos nouvelles lunes, vous sonnerez des trompettes, en offrant vos holocaustes et vos sacrifices d'actions de grâces, et elles vous mettront en souvenir devant votre Dieu. Je suis l'Éternel, votre Dieu.* Nombres 10 : 10

Ceux qui pensent que tout est acquis par le seul nom de Jésus-Christ se trompent lourdement. Car Jésus n'est pas venu abolir la loi et les prophètes. Celui donc qui va vers Dieu les mains vides pour lui demander quoi que ce soit, rentre bredouille. Tirez instruction de cette histoire: *Juges 20 :19-48*; et vous comprendrez l'importance des sacrifices lorsqu'on veut vraiment le soutien de l'Éternel.

Quand donc un enfant de Dieu se présentera devant son Père pour une sollicitation, il apportera avec lui l'un de ces sacrifices, afin de timbrer sa demande: *le sacrifice du corps de Jésus; les sacrifices d'expiations; le renoncement; l'holocauste; le naziréat; le sacrifice d'actions de grâces; l'offrande volontaire; les sacrifices de culpabilité; le sacrifice de consécration; les prémices; les dîmes.*

1- LE SACRIFICE DU CORPS DE JÉSUS

L'offrande du corps de Jésus-Christ sur la croix, est un sacrifice suprême faite en l'honneur des sept esprits de l'Éternel pour la rémission des péchés du monde et pour le rachat des âmes qui s'approchent de Dieu par lui. Il a remplacé le sacrifice d'animaux qu'on offrait à Dieu pour obtenir le pardon des péchés.

Selon qu'il est écrit: *car il est impossible que le sang des taureaux et des boucs ôte les péchés. C'est pourquoi Christ, entrant dans le monde, dit: tu n'as voulu ni sacrifice ni offrande, mais tu m'as formé un corps; tu n'as agréé ni holocaustes ni sacrifices pour le péché.*

Alors j'ai dit: *voici, je viens (dans le rouleau du livre il est question de moi) pour faire, ô Dieu, ta volonté.*

Après avoir dit d'abord: ***tu n'as voulu et tu n'as agréé ni sacrifices ni offrandes, ni holocaustes ni sacrifices pour le péché** (ce qu'on offre selon la loi)**, il dit ensuite: voici, je viens pour faire ta volonté. Il abolit ainsi la première chose pour établir la seconde.***

C'est en vertu de cette volonté que nous sommes sanctifiés, par l'offrande du corps de Jésus-Christ, une fois pour toutes.

Et tandis que tout sacrificateur fait chaque jour le service et offre souvent les mêmes sacrifices, qui ne peuvent jamais ôter les péchés, lui, après avoir offert un seul sacrifice pour les péchés, s'est assis pour toujours à la droite de Dieu, attendant désormais que ses ennemis soient devenus son marchepied.

Car, par une seule offrande, il a amené à la perfection pour toujours ceux qui sont sanctifiés. Hébreux 19 : 4-14.

Ce sacrifice marche avec le jeûne et protège le nouveau converti lors de sa sortie de la servitude de Satan; accorde le pardon des péchés; procure la paix; purifie; sanctifie; et réconcilie l'homme avec Dieu par la repentance.

2- LE SACRIFICE D'EXPIATION

Le sacrifice d'expiation est d'une part le sang de Jésus-Christ *(l'Agneau de Dieu)* qui efface les péchés du monde. Il a remplacé le sang des animaux qu'on offrait à l'Éternel pour la même cause. Il intervient lors du jeûne: de pâque *(la repentance)*, **de purification, d'expiation, d'entrée dans la sainte alliance de Christ; et du renouvellement de la sainte alliance.**

D'autre part il peut être une restitution accompagnée d'une compensation *(Nombres 5 : 5-10)*.

Ou encore une pénitence *(jeûnes)*, allant de un à sept jours, suivant la gravité de leur situation ou faute, que le serviteur de Dieu peut infliger à un malade pour sa guérison, et à celui qui est bien portant qui fait l'aveu de ses transgressions, et il leur sera pardonné. Selon qu'il est écrit: **ceux à qui vous pardonnerez les péchés, ils leur seront pardonnés; et ceux à qui vous les retiendrez, ils leur seront retenus.** Jean 20 : 23.

3- LE SACRIFICE DU RENONCEMENT

Le renoncement est l'abandon d'une chose ou un détachement volontaire d'elle. Il y a deux sortes de renoncement: **le renoncement à l'iniquité et le renoncement matériel.**

a- Le renoncement à l'iniquité

Le renoncement à l'iniquité est l'offrande volontaire de son corps à Dieu. Selon qu'il est écrit: *ainsi vous-mêmes, regardez-vous comme morts au péché, et comme vivants pour Dieu en Jésus-Christ. Que le péché ne règne donc point dans votre corps mortel, et n'obéissez pas à ses convoitises.*

Ne livrez pas vos membres au péché, comme des instruments d'iniquité ; mais donnez-vous vous-mêmes à Dieu, comme étant vivants de morts que vous étiez, et offrez à Dieu vos membres, comme des instruments de justice. Car le péché n'aura point de pouvoir sur vous, puisque vous êtes, non sous la loi, mais sous la grâce. Romains 6 : 11-14.

b- Le renoncement matériel

Le renoncement matériel est quant à lui un sacrifice partiel ou total de ses biens pour gagner l'estime du Seigneur Jésus-Christ.

Ce prix à payer est la dot que chaque converti, ancien ou nouveau, doit verser à l'Éternel pour mériter l'amour de son Fils. Car après les fiançailles (la conversion), la dot doit intervenir pour confirmer l'amour qui existe déjà entre le prétendant au royaume des cieux et son Seigneur; faute de quoi, le mariage n'aura jamais lieu entre les deux. Ceci est un test de bonne foi et d'amour que Dieu fait à tous ceux qui lui disent à longueur des journées: *je t'aime, je t'aime!* Mais c'est celui-là seul qui paie ce prix, qui devient véritablement son épouse. Car de nos jours, Jésus-Christ a plus de fanatiques que de disciples.

C'est donc par le renoncement matériel qu'il éprouve tous ceux qui lui font la cour. Seule la vraie postérité d'Abraham, le père de la foi, en sort vainqueur. Parce qu'Abraham, fut le premier homme à passer cette épreuve; quand Dieu lui demanda son fils unique en sacrifice. *(Genèse 22 : 1-19).*

C'est pourquoi aussi, il est le père de tous ceux qui marchent sur ses traces. *(Romains 4 :12).* Du côté positif *(Jésus-Christ)* tout comme du côté négatif *(Satan).*

Car Satan utilise cette même épreuve pour éprouver la foi de ses adeptes. Ceux qui lui obéissent reçoivent en retour de grandes récompenses, mais ceux qui lui résistent, courent à leur perte à cause du pacte d'obéissance qui les lie.

Le secret de la prospérité et de la pauvreté des enfants de Dieu réside dans le renoncement matériel. Prospérité lorsqu'on accepte de tout son cœur de renoncer à ce qu'on a de cher, et pauvreté lorsqu'on préserve ce qu'on a de cher.

Dieu savait qu'en demandant les richesses à Abraham, il allait renoncer à tout ce qu'il possédait. Mais Dieu prit soin de rendre Abraham pauvre en enfants, et dans sa blanche vieillesse, il lui en donna un fils promis; et ayant attendu qu'Isaac soit d'abord le centre d'intérêt de son père, alors Dieu prit la résolution de le lui demander en holocauste. Il voulut par cet ordre impitoyable vérifier le degré d'amour qu'Abraham avait envers lui: *s'il aimait son fils unique plus que le Dieu pourvoyeur.*

Abraham ne consulta personne avant d'agir, il ne contesta même pas contre la volonté de son Dieu, et il ne considéra pas son fils plus que Dieu. Mais il se chargea de sa croix et fit violence sur lui-même en allant sans mot dire au lieu qu'avait indiqué l'Éternel. Il ne fit pas semblant de sacrifier son fils, son unique; mais il le prit subitement en haine, le lia et le mis sur le bois de l'autel pour lui donner la mort par amour pour l'Éternel. Alors le Dieu, qui sonde les cœurs et les reins vit sa détermination et l'en empêcha. Il lui donna à la place, un bélier. Et Dieu dit à Abraham: *maintenant je sais que tu crains Dieu, et que tu ne m'as pas refusé ton fils, ton unique.* Et Dieu jura à Abraham par lui-même en disant: *je te bénirai et je multiplierai ta postérité, comme les étoiles du ciel et comme le sable qui est sur le bord de la mer; et ta postérité possédera la porte de ses ennemis. Toutes les nations de la terre seront bénies en ta postérité, parce que tu as obéis à ma voix.*

Dieu n'étant pas un homme pour mentir, tient toujours ses promesses envers celui qui met sa parole en pratique. C'est pour cela qu'il a tout donné aux juifs.

Lorsque les enfants d'Israël sont sortis du pays d'Égypte, ils ont eux aussi renoncé: *aux champs, aux maisons et aux richesses de toute nature susceptibles d'entraver leur marche dans le désert, et ils sont allés à la suite de leur Dieu.* Après quarante ans d'épreuve, ils finirent par trouver du repos et entrèrent en possession de la terre promise.

Si Dieu a agi ainsi envers Abraham et envers sa première postérité, il en fera de même avec tout le reste jusqu'à la fin des temps. Toute la postérité d'Abraham du monde entier est touchée par le renoncement matériel. Car son bien-être et sa justification en dépendent. A présent donc, Dieu éprouve l'amour de ses enfants en leur demandant: *soit la totalité, soit la moitié de leurs biens.* Celui qui se montre égoïste à son égard, ne peut ni avoir accès au royaume de Dieu ni devenir cohéritier de Christ, fut-il baptisé.

N'agissez point comme cet homme qui croyait plaire à Dieu en gardant sa loi à la lettre, mais marchez par la foi en la parole du Seigneur, tout en gardant sa loi. Si donc vous aimez Dieu de tout votre cœur, de toute votre âme, de toute votre force et de toute votre pensée, ne craignez pas de quitter pour Christ, vos proches parents et vos biens. Car votre récompense sera très grande avant la fin de vos jours sur terre.

Cessez donc d'honorer Dieu du bout des lèvres et faites-le du fond de votre cœur. Reconnaissez que l'or et l'argent appartiennent à l'Éternel, et qu'il peut rendre riche ou pauvre qui il veut. Mais si vous continuez à vous accrocher désespérément sur vos biens, vous déshonorez Christ, et la pauvreté ne vous quittera point. Car si les serviteurs de Satan réussissent à attirer un grand monde auprès de leur maître, c'est à cause de leur prospérité. Nous, serviteurs de Dieu, pouvons faire davantage, car le seul sacrifice que Dieu demande à chacun de ses enfants avant de le combler tôt ou tard de tout, c'est ce qu'il possédait en Égypte avant sa conversion.

Celui qui fait volontiers le renoncement de ses possessions en l'honneur de Jésus-Christ, obtient la faveur de l'Éternel en toutes choses. Car Dieu a tout ce qu'il faut pour satisfaire à tous nos besoins avec abondance. En pratiquant le renoncement matériel, nous donnons en premier au Seigneur, et il nous rend aussi la politesse en nous donnant tout en retour. Mais ceux qui passent tout leur temps à dire que Dieu fait des vœux de bonheur et de prospérité à son peuple, et qui ne font rien pour entrer dans ce bonheur et dans cette prospérité, perdent leur temps à attendre ce qui malheureusement n'arrivera point.

Le bonheur des enfants de Dieu est conditionné par le renoncement matériel. Souvenez-vous que vos demandes ne sont pas toujours exaucées. Vous voulez avoir des enfants, et Dieu ne se dérange pas pour vous, parce que vous ne faites aucun cas de ses paroles.

Abraham et Sara, qui étaient stériles n'obéirent-ils pas à Dieu, en quittant à la demande de l'Éternel, leur famille, leur maison et leurs terres pour aller à la suite de Dieu dans un lieu inconnu? Dieu ne leur donna-t-il pas une postérité? *(Genèse 12 :1-9; Genèse 17 : 1-8).*

Étant donné que tout s'obtient au prix du sacrifice, il appartient à tous ceux qui se disent disciples de Jésus-Christ, de faire le premier pas, et Dieu fera le reste.

Voilà la stratégie que Dieu utilise pour bénir ceux qui l'aiment. Si jusqu'à présent une grande majorité des enfants de Dieu est condamnée à la pauvreté, c'est par manque de connaissance. Pour plus de détails, lire: **L'Itinéraire authentique du salut.**

4- L'HOLOCAUSTE

L'holocauste est un sacrifice de valeur en espèce ou en nature *(animal)* qu'une personne fait aux sept esprits de l'Éternel par son serviteur agréé sous forme de caution, afin d'obtenir sa faveur dans son besoin immédiat *(Lévitique 1 : 1-3).*

Il garantit le succès dans tous les domaines de la vie active *(recherches scientifiques et techniques, examens et concours, octroi des marchés, emploi, fécondité, mariage, élections, sport, compétition, procès; sortie* de prison; etc.). Mais ces choses sont strictement réservées aux enfants de Dieu. Car il est écrit: *ne donnez pas les choses saintes aux chiens, et ne jetez pas vos perles devant les pourceaux, de peur qu'ils ne les foulent aux pieds, ne se retournent et ne vous déchirent.* Matthieu 7 : 6

Ce sacrifice se donne en chiffre sept, selon le nombre des sept esprits de l'Éternel (*voir Nombres 23 : 1-4*), et s'accompagne toujours du sacrifice d'actions de grâces, et le résultat ne se fait point attendre.

L'holocauste est divisé en trois parties: *l'holocauste de gros bétail; l'holocauste de menu bétail; et l'holocauste d'oiseaux.*

a) L'holocauste de gros bétail

L'holocauste de gros bétail est un sacrifice de grande valeur que quelqu'un fait à Dieu pour obtenir aussi quelque chose de grande importance. Toute personne qui demande gros, doit aussi donner gros, qu'il soit riche ou pauvre.

Selon qu'il est écrit: *lorsque quelqu'un d'entre vous fera une offrande à l'Éternel, il offrira du bétail, du gros ou du menu bétail.*

Si son offrande est un holocauste de gros bétail, il offrira un mâle sans défaut; il l'offrira à l'entrée de la tente d'assignation, devant l'Éternel, pour obtenir sa faveur. Lévitique 1 : 2-3.

Avant de présenter votre offrande à l'Éternel, rassurez-vous qu'elle est à la mesure de votre demande. Et prenez de la peine d'aller directement chez le fermier ou l'éleveur de gros bétail, renseignez-vous sur le prix du taureau de premier choix et apportez à l'Éternel soit sept bêtes semblables, soit sept fois le prix de l'animal. Faites de même pour le sacrifice d'actions de grâces. Car le sang c'est l'argent et l'argent c'est le sang.

Mais si vous avez le malin plaisir de tromper l'Éternel en apportant en sa présence les animaux de moindre importance ou vice versa, et si son serviteur par cupidité se laisse aller par égard, non seulement vous perdrez votre sacrifice, mais encore vous n'obtiendrez rien.

Car tout ce qui est présenté à l'Éternel par son serviteur, qu'il soit bon ou mauvais ne peut être ni repris ni échangé. Vous serez obligé de recommencer à zéro, si vous y tenez vraiment.

Car ainsi parle le Seigneur: *tout homme de la maison d'Israël ou des étrangers en Israël, qui offrira un holocauste à l'Éternel, soit pour l'accomplissement d'un vœu, soit comme offrande volontaire, prendra un mâle sans défaut parmi les bœufs, les agneaux ou les chèvres, afin que sa victime soit agréée. Vous n'en offrirez aucune qui ait un défaut, car elle ne serait pas agréée.*

Si un homme offre à l'Éternel du gros ou du menu bétail en sacrifice d'actions de grâces, soit pour l'accomplissement d'un vœu, soit comme offrande volontaire, la victime sera sans défaut, afin qu'elle soit agréée; il n'y aura en elle aucun défaut.

Vous n'en offrirez point qui soit aveugle, estropiée, ou mutilée, qui ait des ulcères, la gale ou une dartre; vous n'en ferez point sur l'autel un sacrifice consumé par le feu devant l'Éternel.

Tu pourras sacrifier comme offrande volontaire un bœuf ou un agneau ayant un membre trop long ou trop court, mais il ne sera point agréé pour l'accomplissement d'un vœu. Vous n'offrirez point à l'Éternel un animal dont les testicules ont été froissés, écrasés, arrachés ou coupés; vous ne l'offrirez point en sacrifice dans votre pays. Vous n'accepterez de l'étranger aucune de ces victimes, pour l'offrir comme aliment de votre Dieu; car elles sont mutilées, elles ont des défauts: elles ne seraient point agréées. Lévitique 22 : 18 25.

b) L'holocauste de menu bétail

L'holocauste de menu bétail est un sacrifice de béliers ou de chèvres de premier choix que quelqu'un fait à Dieu pour obtenir aussi quelque chose de valeur moyenne. Toute personne qui demande une chose de cet envergure doit aussi donner une offrande moyenne, qu'il soit riche ou pauvre.

Car ainsi parle l'Éternel: *lorsque quelqu'un d'entre vous fera une offrande à l'Éternel, il offrira du bétail, du gros ou du menu bétail.*

Si son offrande est un holocauste de menu bétail, d'agneaux ou de chèvres, il offrira un mâle sans défaut. Il l'égorgera (le présentera) *au côté septentrional* (nord) *de l'autel, devant l'Éternel; pour obtenir sa faveur.* (Voir l'holocauste de gros bétail).

c) L'holocauste d'oiseaux

L'holocauste d'oiseaux est un sacrifice de moindre valeur que quelqu'un fait à Dieu pour obtenir aussi quelque chose d'infime. Toute personne qui demande une chose de cette dimension doit aussi donner une petite offrande, qu'il soit riche ou pauvre.

Car ainsi parle l'Éternel: *lorsque quelqu'un d'entre vous fera une offrande à l'Éternel, il offrira du bétail, du gros ou du menu bétail. Si son offrande à l'Éternel est un holocauste d'oiseaux, il offrira des tourterelles ou de jeunes* pigeons *(voir aussi poules ou coqs ou leurs prix).*

Le sacrificateur sacrifiera l'oiseau sur l'autel; il lui ouvrira la tête avec l'ongle, et la brûlera sur l'autel, et il exprimera le sang contre un côté de l'autel. Il ôtera le jabot avec ses plumes, et le jettera près de l'autel, vers l'orient, dans le lieu où l'on met les cendres.

Il déchirera les ailes, sans les détacher; et le sacrificateur brûlera l'oiseau sur l'autel, sur le bois mis au feu *(le sacrificateur présentera ce sacrifice par la prière au nom de Jésus-Christ).* **C'est un holocauste, un sacrifice consumé par le feu, d'une agréable odeur à l'Éternel.** Lévitique 1 : 14-17.

AVERTISSEMENT AUX SACRIFICATEURS

Ainsi parle le Seigneur à ses serviteurs: *un fils honore son père, et un serviteur son maître. Si je suis Père, où est l'honneur qui m'est dû? Si je suis Maître, où est la crainte qu'on a de moi? Dit l'Éternel des armées à vous, sacrificateurs, qui méprisez mon nom, et qui dites: en quoi avons-nous méprisé ton nom? Vous offrez sur mon autel des aliments impurs, et vous dites: en quoi t'avons-nous profané? C'est en disant: la table de l'Éternel est méprisable!*

Quand vous offrez en sacrifice une bête aveugle, n'est-ce pas mal? Quand vous en offrez une boiteuse ou infirme, n'est-ce pas mal? Offre-la donc à ton gouverneur! Te recevra-t-il bien, te fera-t-il bon accueil? Dit l'Éternel des armées.

Priez Dieu maintenant, pour qu'il ait pitié de nous! C'est de vous que cela vient: vous recevra-t-il favorablement? Dit l'Éternel des armées.

Lequel de vous fermera les portes, pour que vous n'allumiez pas en vain le feu sur mon autel? Je ne prends aucun plaisir en vous, dit l'Éternel des armées, et les offrandes de votre main ne me sont point agréables.

Car depuis le lever du soleil jusqu'à son couchant, mon nom est grand parmi les nations, et en tout lieu on brûle de l'encens en l'honneur de mon nom et l'on présente des offrandes pures; car grand est mon nom parmi les nations, dit l'Éternel des armées.

Mais vous, vous le profanez, en disant: la table de l'Éternel est souillée, et ce qu'elle rapporte est un aliment méprisable. Vous dites: quelle fatigue! Et vous le dédaignez, dit l'Éternel des armées; et cependant vous amenez ce qui est dérobé, boiteux ou infirme, et ce sont les offrandes que vous faites! Puis-je les agréer de vos mains? Dit l'Éternel.

Maudit soit le trompeur qui a dans son troupeau un mâle, et qui voue et sacrifie au Seigneur une bête chétive! Car je suis un grand roi, dit l'Éternel des armées, et mon nom est redoutable parmi les nations. Malachie 1 : 6-14.

En sa qualité de cuisinier au service de l'Éternel chargé de lui présenter les sacrifices *(ses aliments)* qu'apporte son peuple. Il doit accepter les holocaustes en fonction des demandes, afin qu'il ne soit point couvert de honte devant le refus catégorique du Seigneur d'agréer ce qu'il lui présente. Et que son assurance ne tourne pas à sa propre confusion. Car ainsi parle le Seigneur aux sacrificateurs complaisants: *maintenant, à vous cet ordre, sacrificateurs!*

Si vous n'écoutez pas, si vous ne prenez pas à cœur de donner gloire à mon nom, dit l'Éternel des armées, j'enverrai parmi vous la malédiction, et je maudirai vos bénédictions; oui, je les maudirai, parce que vous ne l'avez pas à cœur.

Voici, je détruirai vos semences, et je vous jetterai des excréments au visage, les excréments des victimes que vous sacrifiez, et on vous emportera avec eux. Vous saurez alors que je vous ai adressé cet ordre, afin que mon alliance avec Lévi subsiste, dit l'Éternel des armées.

Mon alliance avec lui était une alliance de vie et de paix, ce que je lui accordai pour qu'il me craignit; et il a eu pour moi de la crainte, il a tremblé devant mon nom. La loi de la vérité était dans sa bouche, et l'iniquité ne s'est point trouvée sur ses lèvres; il a marché avec moi dans la paix et dans la droiture, et il a détourné du mal beaucoup d'hommes.

Car les lèvres du sacrificateur doivent garder la science, et c'est à sa bouche qu'on demande la loi, parce qu'il est un envoyé de l'Éternel des armées.

Mais vous, vous vous êtes écartés de la voie, vous avez fait de la loi une occasion de chute pour plusieurs, vous avez violé l'alliance de Lévi, dit l'Éternel des armées. Et moi, je vous rendrai méprisables et vils aux yeux de tout le peuple, parce que vous n'avez pas gardé mes voies, et que vous avez égard à l'apparence des personnes quand vous interprétez la loi. Malachie 2 : 1-9.

Sacrificateurs, suivez donc l'exemple de rigueur de Balaam envers Balak. *(Nombres 23 : 1-5).*

LA PRESENTATION DE L'HOLOCAUSTE

Toute personne qui fera une offrande en holocauste à Dieu pour obtenir sa faveur, se présentera devant le sacrificateur oint de l'Éternel en état de jeûne; lui fera connaître son intention et lui présentera son sacrifice. Le sacrificateur lui fera poser sa main droite sur la tête de l'animal offert en holocauste, afin d'y laisser la marque de ses empreintes digitales, qui constituent une identité spirituelle propre à chaque individu devant Dieu. Si c'est de l'argent en espèces, il le remettra entre les mains du sacrificateur, et lui dira pourquoi il fait ce sacrifice et ce qu'il désire obtenir de l'Éternel. Un holocauste égale, une seule demande.

Le sacrificateur lui dira de poser sa main droite sur l'argent, et invoquera sur lui le sang de Jésus-Christ pour faire l'expiation de ses péchés et de ses iniquités qui lui rendaient désagréables aux yeux de l'Éternel. Alors, l'Éternel se souviendra de son alliance avec Jacob, Isaac et Abraham, et il se souviendra de lui dans sa grande miséricorde.

Le sacrificateur lui fera ôter sa main de dessus l'holocauste et le présentera ensuite à l'Éternel par élévation, et dira: *Éternel, Dieu d'Abraham, d'Isaac et d'Israël! Voici l'holocauste que X t'a apporté pour obtenir ta faveur (...). Que l'on sache aujourd'hui que tu es Dieu en Israël, que je suis ton serviteur, et que je fais ceci suivant la parole que tu avais ordonnée à Moïse au sujet de ton peuple!*

Agréé ce sacrifice et réponds-moi favorablement, Éternel, réponds-moi, afin que ce peuple reconnaisse que c'est toi, l'Éternel, qui es Dieu! Je te le demande avec assurance au nom de ton Fils bien-aimé Jésus-Christ, qui a dit: tout ce que vous demanderez en mon nom, je le ferai, afin que le Père soit glorifié dans le Fils. Merci Seigneur de prêter attention à ma prière. Amen!

Le sacrificateur terminera sa prière par cette formule de bénédiction, et dira: *X, que l'Éternel fasse luire sa face sur toi et t'accorde ce que tu lui as demandé! Ainsi soit-il.*

Le sacrificateur et celui qui a offert le sacrifice continueront leur jeûne jusqu'à sixième heure du soir.

La loi de l'holocauste

L'holocauste (en argent) restera sur le foyer de l'autel *(la table d'office du sacrificateur)* toute la nuit jusqu'au matin, ainsi que le sacrifice d'actions de grâces qui l'accompagne. Les bêtes passeront aussi la nuit dehors en présence du Seigneur avant d'être mises à mort le matin.

La peau de l'holocauste appartient au sacrificateur *(Lévitique 7 : 8),* ainsi qu'une portion du sacrifice d'actions de grâces réservée à l'Éternel, mais le reste du sacrifice d'actions de grâces doit être partagé aux indigents. Et la réponse positive de l'Éternel ne tardera pas. Car nos holocaustes et nos sacrifices d'actions de grâces, nous mettent en souvenir devant notre Dieu.

L'holocauste: frais de mission pour les anges

Pourquoi Dieu exige-t-il à son peuple les holocaustes et les sacrifices d'actions de grâces pour obtenir sa faveur dans ses besoins? Est-ce parce qu'il a faim?

En réalité, Dieu ne mange pas ces choses. Ce sont les frais de mission destinés aux anges qui travaillent avec les sept esprits de l'Éternel, et qui ont la charge de nous apporter de sa part les bénédictions que nous lui demandons.

Si donc la plupart de nos prières ne sont pas exaucées, c'est à cause de notre égoïsme. Car Dieu ne peut pas ordonner le déplacement de ses anges pour nous apporter ce donc nous avons besoin sans que nous ayons payé ces frais. Lorsque vous ferez alors vos holocaustes et vos sacrifices d'actions de grâces à Dieu pour obtenir sa faveur, rassurez-vous qu'ils correspondent à ce que vous attendez. Ne soyez pas parcimonieux, car Dieu connaît ce que vous possédez et ce que vous lui offrez en échange de ce que vous lui demandez.

Les satanistes sont plus altruistes envers l'Éternel, et aptes à appliquer ce qui vient d'être dit, c'est pour cela qu'ils sont toujours prospères.

Une fois votre holocauste et votre sacrifice d'actions ont été de grâces offerts à Dieu, mettez-vous tout de suite en action en allant avec foi à la conquête de ce que vous voulez et l'Éternel interagira avec vous. Parce que le miracle se produit toujours à partir de quelque chose et non dans le vide. Il fera trouver à celui qui cherche; ouvrira à celui qui frappe et donnera à celui qui demande. Mais soyez reconnaissants *(voir les offrandes volontaires).*

5- LE NAZIRÉAT

C'est un sacrifice volontaire de soi ou un vœu de consécration à Dieu pour un temps bien déterminé visant l'atteinte d'un but bien précis.

Lorsqu'un homme ou une femme se séparera des autres en faisant vœu de naziréat, pour se consacrer à l'Éternel, il s'abstiendra de vin et de boisson enivrante; il ne boira ni vinaigre fait avec du vin, ni vinaigre fait avec une boisson enivrante; il ne boira d'aucune liqueur tirée des raisins, et il ne mangera point de raisins frais ni de raisins secs.

Pendant tout le temps de son naziréat, il ne mangera rien de ce qui provient de la vigne, depuis les pépins jusqu'à la peau du raisin. Pendant tout le temps de son naziréat, le rasoir ne passera point sur sa tête; jusqu'à l'accomplissement des jours pour lesquels il s'est consacré à l'Éternel, il sera saint, il laissera croître librement ses cheveux.

Pendant tout le temps qu'il a voué à l'Éternel, il ne s'approchera point d'une personne morte; il ne se souillera point à la mort de son père, de sa mère, de son frère ou de sa sœur, car il porte sur sa tête la consécration de son Dieu.

Pendant tout le temps de son naziréat, il sera consacré à l'Éternel. Si quelqu'un meurt subitement près de lui, et que sa tête consacrée devienne ainsi souillée, il se rasera la tête le jour de sa purification, il se la rasera le septième jour *(voir le jeûne de purification).*

Le huitième jour, il apportera son holocauste d'oiseaux au sacrificateur à l'entrée de la tente d'assignation. Le sacrificateur offrira son holocauste et fera pour lui l'expiation de son péché au nom de Jésus-Christ, à l'occasion du mort. Le naziréen sanctifiera ainsi sa tête ce jour-là

Il consacrera de nouveau à l'Éternel les jours de son naziréat, et il offrira un agneau d'un an en sacrifice de culpabilité; les jours précédents ne seront point comptés, parce que son naziréat a été souillé. *(Nombres 6 : 2-12).*

La loi sur le naziréat

Voici la loi du naziréen. Le jour où il aura accompli le temps de son naziréat, on le fera venir à l'entrée de la tente d'assignation. Il présentera son offrande à l'Éternel: **un agneau d'un an et sans défaut pour l'holocauste, une brebis d'un an et sans défaut pour le sacrifice d'expiation** *(il jeûnera au nom de Jésus-Christ),* **et un bélier sans défaut pour le sacrifice d'actions de grâces; une corbeille de pains sans levain, de gâteaux de fleur de farine pétris à l'huile, et de galettes sans levain arrosées d'huile** *(les vivres),* **avec l'offrande et la libation ordinaires** *(boisson).*

Le sacrificateur présentera ces choses devant l'Éternel, et il offrira sa victime expiatoire *(invoquera sur lui le nom de Jésus pour le pardon de ses péchés)* et son holocauste; il offrira le bélier en sacrifice d'actions de grâces à l'Éternel, outre la corbeille de pains sans levain, avec l'offrande et la libation.

Le naziréen rasera, à l'entrée de la tente d'assignation, sa tête consacrée; il prendra les cheveux de sa tête consacrée, et il les mettra sur le feu qui est sous le sacrifice d'actions de grâces. Le sacrificateur prendra l'épaule cuite du bélier, un gâteau sans levain de la corbeille, et une galette sans levain; et il les posera sur les mains du naziréen, après qu'il aura rasé sa tête consacrée.

Le sacrificateur les agitera de côté et d'autre devant l'Éternel: **c'est une chose sainte, qui appartient au sacrificateur, avec la poitrine agitée et l'épaule offerte par élévation.** Ensuite, le naziréen pourra boire du vin.

Telle est la loi pour celui qui fait vœu de naziréat; telle est son offrande à l'Éternel pour son naziréat, outre ce que lui permettront ses ressources. Il accomplira ce qui est ordonné pour le vœu qu'il a fait, selon la loi de son naziréat. *(Nombres 6 : 13-21).*

6- LES OFFRANDES VOLONTAIRES

Les offrandes volontaires sont des dons volontaires faits à Dieu par le canal de son serviteur en reconnaissance d'un bienfait reçu. Elles peuvent être en nature, en espèces *(Exode 35 : 4-9, 20-29; Nombres 7; I Chroniques 29 : 1-9)*, et en nourriture crue ou préparée.

Lorsque quelqu'un fera à l'Éternel une offrande en don, son offrande sera de fleur de farine; il versera de l'huile dessus, et il y ajoutera de l'encens. Il l'apportera aux sacrificateurs; le sacrificateur prendra une poignée de cette fleur de farine (une portion), arrosée d'huile, avec tout l'encens, et il brûlera cela sur l'autel comme souvenir *(la présentera par élévation)*. C'est une offrande d'une agréable odeur à l'Éternel.

Ce qui restera de l'offrande sera pour le sacrificateur et pour ses fils; c'est une chose très sainte parmi les offrandes consumées par le feu devant l'Éternel. Si tu fais une offrande de ce qui est cuit au four, qu'on se serve de fleur de farine, et que ce soient des gâteaux sans levain pétris à l'huile et des galettes sans levain arrosées d'huile.

Si ton offrande est un gâteau cuit à la poêle, il sera de fleur de farine pétrie à l'huile, sans levain. Tu le rompras en morceaux, et tu verseras de l'huile dessus; c'est une offrande. Si ton offrande est un gâteau cuit sur le gril, il sera fait de fleur de farine pétrie à l'huile. Tu apporteras l'offrande qui sera faite à l'Éternel avec ces choses-là; elle sera remise au sacrificateur, qui la présentera sur l'autel. Le sacrificateur en prélèvera ce qui doit être offert comme souvenir, et le brûlera sur l'autel. C'est une offrande d'une agréable odeur à l'Éternel. Ce qui restera de l'offrande sera pour le sacrificateur et pour ses fils; c'est une chose très sainte parmi les offrandes consumées par le feu devant l'Éternel.

Aucune des offrandes que vous présenterez à l'Éternel ne sera faite avec du levain; car vous ne brûlerez rien qui contienne du levain ou du miel parmi les offrandes consumées par le feu devant l'Éternel. Vous pourrez en offrir à l'Éternel comme offrande des prémices; mais il n'en sera point présenté sur l'autel comme offrande d'une agréable odeur.

Tu mettras du sel sur toutes tes offrandes; tu ne laisseras point ton offrande manquer de sel, signe de l'alliance de ton Dieu; sur toutes tes offrandes tu mettras du sel. Si tu fais à l'Éternel une offrande des prémices, tu présenteras des épis nouveaux, rôtis au feu et broyés, comme offrande de tes prémices.

Tu verseras de l'huile dessus, et tu y ajouteras de l'encens; c'est une offrande.

Le sacrificateur brûlera comme souvenir une portion des épis broyés et de l'huile, avec tout l'encens. C'est une offrande consumée par le feu devant l'Éternel. *(Lévitique 2 : 1-16)*.

Toute offrande cuite au four, préparée sur le gril ou à la poêle, sera pour le sacrificateur qui l'a offerte. Toute offrande pétrie à l'huile et sèche sera pour tous les fils du sacrificateur en chef, pour l'un comme pour l'autre. *(Lévitique 7 : 9-10).*

La loi de l'offrande

Voici la loi de l'offrande. Les fils du souverain sacrificateur *(les Lévites)* la présenteront devant l'Éternel, devant l'autel.

Le sacrificateur prélèvera une poignée de la fleur de farine et de l'huile, avec tout l'encens ajouté à l'offrande, et il brûlera cela sur l'autel comme souvenir d'une agréable odeur à l'Éternel. Le souverain sacrificateur et ses fils mangeront ce qui restera de l'offrande; ils le mangeront sans levain, dans un lieu saint, dans le parvis de la tente d'assignation.

On ne le cuira pas avec du levain. C'est la part que je leur ai donnée de mes offrandes consumées par le feu. C'est une chose très sainte, comme le sacrifice d'expiation et comme le sacrifice de culpabilité. Tout mâle d'entre les enfants du souverain sacrificateur en mangera. C'est une loi perpétuelle pour vos descendants, au sujet des offrandes consumées par le feu devant l'Éternel: quiconque y touchera sera sanctifié. *(Lévitique 6 : 7-11).*

7- LE SACRIFICE D'ACTIONS DE GRACES

Le sacrifice d'actions de grâces est une offrande de remerciement par anticipation qu'on fait à l'Éternel en attente de ce qu'on lui demande. Il marche ensemble avec l'holocauste; l'un ne va jamais sans l'autre. Il se donne aussi en chiffre sept comme l'holocauste, mais en menu bétail *(gros béliers)* ou en espèce.

Mais il y a aussi le sacrifice d'actions de grâces simple que quelqu'un peut faire sous forme de repas pour l'offrir à ses semblables en reconnaissance d'un bien fait reçu de Dieu. Cette sorte n'exige pas le genre de bétail ni le nombre, pourvu seulement que la bête et les poulets soient sans défaut.

Lorsque quelqu'un offrira à l'Éternel un sacrifice d'actions de grâces: ***s'il offre du gros bétail, mâle ou femelle, il l'offrira sans défaut, devant l'Éternel.***

Il posera sa main sur la tête de la victime, qu'il égorgera à l'entrée de la tente d'assignation; et les sacrificateurs, répandront le sang sur l'autel tout autour *(fera pour lui l'expiation au nom de Jésus).*

De ce sacrifice d'actions de grâces, il offrira en sacrifice consumé par le feu devant l'Éternel: ***la graisse qui couvre les entrailles et toute celle qui y est attachée; deux rognons, et la graisse qui les entoure, qui couvre les flancs, et le grand lobe du foie, qu'il détachera près des rognons*** (prélèvera une portion de l'Éternel).

Le sacrificateur la présentera par élévation en même temps que l'holocauste. C'est un sacrifice consumé par le feu, d'une agréable odeur à l'Éternel. S'il offre du menu bétail, mâle ou femelle, en sacrifice d'actions de grâces à l'Éternel, il l'offrira sans défaut.

S'il offre en sacrifice un agneau, il le présentera devant l'Éternel. Il posera sa main sur la tête de la victime, qu'il égorgera devant la tente d'assignation; et les fils d'Aaron en répandront le sang sur l'autel tout autour.

De ce sacrifice d'actions de grâces, il offrira en sacrifice consumé par le feu devant l'Éternel: *la graisse, la queue entière, qu'il séparera près de l'échine, la graisse qui couvre les entrailles et toute celle qui y est attachée, les deux rognons, et la graisse qui les entoure, qui couvre les flancs, et le grand lobe du foie, qu'il détachera près des rognons.* Le sacrificateur brûlera cela sur l'autel. C'est l'aliment d'un sacrifice consumé par le feu devant l'Éternel.

Si son offrande est une chèvre, il la présentera devant l'Éternel. Il posera sa main sur la tête de sa victime, qu'il égorgera devant la tente d'assignation; et les fils d'Aaron en répandront le sang sur l'autel tout autour.

De la victime, il offrira en sacrifice consumé par le feu devant l'Éternel: *la graisse qui couvre les entrailles et toute celle qui y est attachée, les deux rognons, et la graisse qui les entoure, qui couvre les flancs, et le grand lobe du foie, qu'il détachera près des rognons.*

Le sacrificateur brûlera cela sur l'autel. Toute la graisse est l'aliment d'un sacrifice consumé par le feu, d'une agréable odeur à l'Éternel. C'est ici une loi perpétuelle pour vos descendants, dans tous les lieux où vous habiterez: *vous ne mangerez ni graisse ni sang. (Lévitique 3).*

La loi du sacrifice d'actions de grâces

Voici la loi du sacrifice d'actions de grâces, qu'on offrira à l'Éternel. Si quelqu'un l'offre par reconnaissance, il offrira, avec le sacrifice d'actions de grâces, des gâteaux sans levain pétris à l'huile, des galettes sans levain arrosées d'huile, et des gâteaux de fleur de farine frite et pétris à l'huile.

A ces gâteaux il ajoutera du pain levé pour son offrande, avec son sacrifice de reconnaissance et d'actions de grâces. On présentera par élévation à l'Éternel une portion de chaque offrande; elle sera pour le sacrificateur qui a répandu le sang de la victime d'actions de grâces.

La chair du sacrifice de reconnaissance et d'actions de grâces sera mangée le jour où il est offert; on n'en laissera rien jusqu'au matin. Si quelqu'un offre un sacrifice pour l'accomplissement d'un vœu ou comme offrande volontaire, la victime sera mangée le jour où il l'offrira, et ce qui en restera sera mangé le lendemain. Ce qui restera de la chair de la victime sera brûlé au feu le troisième jour. Dans le cas où l'on mangerait de la chair de son sacrifice d'actions de grâces le troisième jour, le sacrifice ne sera point agréé; il n'en sera pas tenu compte à celui qui l'a offert; ce sera une chose infecte, et quiconque en mangera restera chargé de sa faute.

La chair qui a touché quelque chose d'impur ne sera point mangée: elle sera brûlée au feu. Tout homme pur peut manger de la chair; mais celui qui, se trouvant en état d'impureté, mangera de la chair du sacrifice d'actions de grâces qui appartient à l'Éternel, celui-là sera retranché de son peuple.

Et celui qui touchera quelque chose d'impur, une souillure humaine, un animal impur, ou quoi que ce soit d'impur, et qui mangera de la chair du sacrifice d'actions de grâces qui appartient à l'Éternel, celui-là sera retranché de son peuple.

Vous ne mangerez point *(la portion réservée pour l'Éternel)* de graisse de bœuf, d'agneau ni de chèvre. La graisse d'une bête morte ou déchirée pourra servir à un usage quelconque; mais vous ne la mangerez point. Car celui qui mangera de la graisse des animaux dont on offre à l'Éternel des sacrifices consumés par le feu, celui-là sera retranché de son peuple. Vous ne mangerez point de sang, ni d'oiseau, ni de bétail, dans tous les lieux où vous habiterez. Celui qui mangera du sang d'une espèce quelconque, celui-là sera retranché de son peuple.

Celui qui offrira à l'Éternel son sacrifice d'actions de grâces apportera son offrande à l'Éternel, prise sur son sacrifice d'actions de grâces. Il apportera de ses propres mains ce qui doit être consumé par le feu devant l'Éternel; il apportera la graisse avec la poitrine, la poitrine pour l'agiter de côté et d'autre devant l'Éternel. Le sacrificateur brûlera la graisse sur l'autel, et la poitrine sera pour lui et pour ses fils.

Dans vos sacrifices d'actions de grâces, vous donnerez au sacrificateur l'épaule droite, en la présentant par élévation. Celui des fils du sacrificateur qui offrira le sang et la graisse du sacrifice d'actions de grâces aura l'épaule droite pour sa part. Car je prends sur les sacrifices d'actions de grâces offerts par les enfants d'Israël la poitrine qu'on agitera de côté et d'autre et l'épaule qu'on présentera par élévation, et je les donne au sacrificateur en chef et à ses fils, par une loi perpétuelle qu'observeront les enfants d'Israël.

C'est là le droit que l'onction du sacrificateur en chef et de ses fils leur donnera sur les sacrifices consumés par le feu devant l'Éternel, depuis le jour où ils seront présentés pour être à mon service dans le sacerdoce. C'est ce que l'Éternel ordonne aux enfants d'Israël de leur donner depuis le jour de leur onction; ce sera une loi perpétuelle parmi leurs descendants. *(Lévitique 7 : 11-36)*.

8- LE SACRIFICE DE CULPABILITÉ

Le sacrifice de culpabilité est une offrande de réparation qu'on fait à Dieu ou à son prochain en compensation du préjudice causé.

Lorsque quelqu'un commettra une infidélité et péchera involontairement à l'égard des choses consacrées à l'Éternel *(prémices, dîmes, etc.)*, il offrira en sacrifice de culpabilité à l'Éternel pour son péché un bélier sans défaut, pris du troupeau d'après ton estimation *(du sacrificateur)* en sicles d'argent, selon le sicle du sanctuaire.

Il donnera, en y ajoutant un cinquième, la valeur de la chose dont il a frustré le sanctuaire, et il la remettra au sacrificateur. Et le sacrificateur fera pour lui l'expiation avec le bélier offert en sacrifice de culpabilité, et il lui sera pardonné.

Lorsque quelqu'un péchera en faisant, sans le savoir, contre l'un des commandements de l'Éternel, des choses qui ne doivent point se faire, il se rendra coupable et sera chargé de sa faute. Il présentera au sacrificateur en sacrifice de culpabilité un bélier sans défaut, pris du troupeau d'après ton estimation. Et le sacrificateur fera pour lui l'expiation de la faute qu'il a commise sans le savoir, et il lui sera pardonné. C'est un sacrifice de culpabilité. Cet homme s'était rendu coupable envers l'Éternel.

Lorsque quelqu'un péchera et commettra une infidélité envers l'Éternel, en mentant à son prochain au sujet d'un dépôt, d'un objet confié à sa garde, d'une chose volée ou soustraite par fraude, en niant d'avoir trouvé une chose perdue, ou en faisant un faux serment sur une chose quelconque de nature à constituer un péché; lorsqu'il péchera ainsi et se rendra coupable, il restituera la chose qu'il a volée ou soustraite par fraude, la chose qui lui avait été confiée en dépôt, la chose perdue qu'il a trouvée, ou la chose quelconque sur laquelle il a fait un faux serment. Il la restituera en son entier, y ajoutera un cinquième, et la remettra à son propriétaire, le jour même où il offrira son sacrifice de culpabilité.

Il présentera au sacrificateur en sacrifice de culpabilité à l'Éternel pour son péché un bélier sans défaut, pris du troupeau d'après ton estimation. Et le sacrificateur fera pour lui l'expiation devant l'Éternel, et il lui sera pardonné, quelle que soit la faute dont il se sera rendu coupable. *(Lévitique 5 : 14-26)*.

La loi du sacrifice de culpabilité

Le sacrifice de culpabilité est une chose très sainte. C'est dans le lieu où l'on égorge l'holocauste que sera égorgée la victime pour le sacrifice de culpabilité. On en répandra le sang sur l'autel tout autour.

On en offrira toute la graisse, la queue, la graisse qui couvre les entrailles, les deux rognons, et la graisse qui les entoure, qui couvre les flancs, et le grand lobe du foie, qu'on détachera près des rognons. Le sacrificateur brûlera cela sur l'autel en sacrifice consumé devant l'Éternel. C'est un sacrifice de culpabilité.

Tout mâle parmi les sacrificateurs en mangera; il le mangera dans un lieu saint: c'est une chose très sainte.

Il en est du sacrifice de culpabilité comme du sacrifice d'expiation; la loi est la même pour ces deux sacrifices: **la victime sera pour le sacrificateur qui fera l'expiation.** (Lévitique 7 : 1-7).

9- LE SACRIFICE DE CONSÉCRATION

Le sacrifice de consécration est un vœu volontaire de soi, qu'un homme ou une femme fait à l'Éternel pour devenir son serviteur. Il se concrétise par le jeûne de consécration de sept jours au nom de Jésus-Christ, et se termine avec ou sans l'onction. Ce qui ne change rien à son engagement déjà validé spirituellement par le Seigneur.

Pendant sept jours, il ne sortira point de l'entrée de la tente d'assignation, jusqu'à ce que les jours de sa consécration soient accomplis; car sept jours seront employés à le consacrer.

Ce jeûne servira d'expiation pour lui. Il restera donc sept jours à l'entrée de la tente d'assignation, jour et nuit, et il observera les commandements de l'Éternel, afin qu'il ne meurt pas; car c'est là ce que l'Éternel a ordonné à Moïse. *(Lévitique 8 : 18-35).*

10- LES PRÉMICES

Les prémices sont les premiers fruits des arbres; première récolte de chaque produit du champ; premier bénéfice dans un commerce; le premier salaire; le premier-né male des hommes et des animaux; etc., qu'on offre en priorité à Dieu pour assurer la protection de son fils, de son élevage et la réussite de son exploitation.

Lorsque tu seras entré dans le pays que l'Éternel, ton Dieu, te donne pour héritage, lorsque tu le posséderas et y seras établi, tu prendras des prémices de tous les fruits que tu retireras du sol dans le pays que l'Éternel, ton Dieu, te donne, tu les mettras dans une corbeille, et tu iras au lieu que choisira l'Éternel, ton Dieu, pour y faire résider son nom.

Tu te présenteras au sacrificateur alors en fonctions, et tu lui diras: *je déclare aujourd'hui à l'Éternel, ton Dieu, que je suis entré dans le pays que l'Éternel a juré à nos pères de nous donner.*

Le sacrificateur recevra la corbeille de ta main, et la déposera devant l'autel de l'Éternel, ton Dieu.

Tu prendras encore la parole, et tu diras devant l'Éternel, ton Dieu: *mon père était un Araméen nomade; il descendit en Égypte avec peu de gens, et il y fixa son séjour; là, il devint une nation grande, puissante et nombreuse.*

Les Égyptiens nous maltraitèrent et nous opprimèrent, et ils nous soumirent à une dure servitude. Nous criâmes à l'Éternel, le Dieu de nos pères. L'Éternel entendit notre voix, et il vit notre oppression, nos peines et nos misères. Et l'Éternel nous fit sortir d'Égypte, à main forte et à bras étendu, avec des prodiges de terreur, avec des signes et des miracles. Il nous a conduits dans ce lieu, et il nous a donné ce pays, pays où coulent le lait et le miel.

Maintenant voici, j'apporte les prémices des fruits du sol que tu m'as donné, ô Éternel! Tu les déposeras devant l'Éternel, ton Dieu, et tu te prosterneras devant l'Éternel, ton Dieu.

Puis tu te réjouiras, avec le Lévite et avec l'étranger qui sera au milieu de toi, pour tous les biens que l'Éternel, ton Dieu, t'a donnés, à toi et à ta maison. Deutéronome 26 : 1-11.

Tu consacreras à l'Éternel tout premier-né, même tout premier-né des animaux que tu auras: les mâles appartiennent à l'Éternel.

Tu rachèteras avec un agneau tout premier-né de l'âne; et, si tu ne le rachètes pas, tu lui briseras la nuque. Tu rachèteras aussi tout premier-né de l'homme parmi tes fils. Exode 13 : 12-13.

Car tout premier-né m'appartient; le jour où j'ai frappé tous les premiers-nés dans le pays d'Égypte, je me suis consacré tous les premiers-nés en Israël, tant des hommes que des animaux: ils m'appartiendront. Je suis l'Éternel. Nombres 3 :13.

11- LES DÎMES

La dîme est la dixième partie du revenu que tout homme et femme actifs doivent obligatoirement consacrer à l'Éternel. Entre autres, les revenus: *du champ, du bénéfice de son commerce, de son salaire, etc.*

Lorsqu'un homme ou une femme apportera sa dîme à Dieu, il prendra la parole et dira devant l'Éternel: *j'ai ôté de ma maison ce qui est consacré, et je l'ai donné au Lévite, à l'étranger, à l'orphelin et à la veuve, selon tous les ordres que tu m'as prescrits; je n'ai transgressé ni oublié aucun de tes commandements.*

Je n'ai rien mangé de ces choses pendant mon deuil, je n'en ai rien fait disparaître pour un usage impur, et je n'en ai rien donné à l'occasion d'un mort; j'ai obéi à la voix de l'Éternel, mon Dieu, j'ai agi selon tous les ordres que tu m'as prescrits.

Regarde de ta demeure sainte, des cieux, et bénis ton peuple d'Israël et le pays que tu nous as donné, comme tu l'avais juré à nos pères, ce pays où coulent le lait et le miel. Deutéronome 26 : 13-15.

A l'égard des infidèles, ainsi parle l'Éternel: *depuis le temps de vos pères, vous vous êtes écartés de mes ordonnances, vous ne les avez point observées. Revenez à moi, et je reviendrai à vous, dit l'Éternel des armées. Et vous dites: en quoi devons-nous revenir?*

Un homme trompe-t-il Dieu? Car vous me trompez, et vous dites: en quoi t'avons-nous trompé? Dans les dîmes et les offrandes.

Vous êtes frappés par la malédiction, et vous me trompez, la nation tout entière! Apportez à la maison du trésor toutes les dîmes, afin qu'il y ait de la nourriture dans ma maison; mettez-moi de la sorte à l'épreuve, dit l'Éternel des armées. Et vous verrez si je n'ouvre pas pour vous les écluses des cieux, si je ne répands pas sur vous la bénédiction en abondance.

Pour vous je menacerai celui qui dévore, et il ne vous détruira pas les fruits de la terre, et la vigne ne sera pas stérile dans vos campagnes, dit l'Éternel des armées.

Toutes les nations vous diront heureux, car vous serez un pays de délices, dit l'Éternel des armées. Malachie 3 : 7-12.

CHAPITRE 6

LIEUX RÉSERVÉS AUX SACRIFICES

Vous détruirez tous les lieux où les nations que vous allez chasser servent leurs dieux, sur les hautes montagnes, sur les collines, et sous tout arbre vert.

Vous renverserez leurs autels, vous briserez leurs statues, vous brûlerez au feu leurs idoles, vous abattrez les images taillées de leurs dieux, et vous ferez disparaître leurs noms de ces lieux-là.

Vous n'agirez pas ainsi à l'égard de l'Éternel, votre Dieu. Mais vous le chercherez à sa demeure, et vous irez au lieu que l'Éternel, votre Dieu, choisira parmi toutes vos tribus pour y placer son nom. C'est là que vous présenterez vos holocaustes, vos sacrifices, vos dîmes, vos prémices, vos offrandes en accomplissement d'un vœu, vos offrandes volontaires, et les premiers-nés de votre gros et de votre menu bétail.

C'est là que vous mangerez devant l'Éternel, votre Dieu, et que, vous et vos familles, vous ferez servir à votre joie tous les biens par lesquels l'Éternel, votre Dieu, vous aura bénis. Vous n'agirez donc pas comme vous le faites maintenant ici, où chacun fait ce qui lui semble bon.

Il y aura un lieu que l'Éternel, votre Dieu, choisira pour y faire résider son nom. C'est là que vous présenterez tout ce que je vous ordonne, vos holocaustes, vos sacrifices, vos dîmes, vos prémices, et les offrandes choisies que vous ferez à l'Éternel pour accomplir vos vœux. C'est là que vous vous réjouirez devant l'Éternel, votre Dieu, vous, vos fils et vos filles, vos serviteurs et vos servantes, et le Lévite qui sera dans vos portes; car il n'a ni part ni héritage avec vous.

Garde-toi d'offrir tes holocaustes dans tous les lieux que tu verras; mais tu offriras tes holocaustes au lieu que l'Éternel choisira dans l'une de tes tribus, et c'est là que tu feras tout ce que je t'ordonne. Néanmoins, quand tu en auras le désir, tu pourras tuer du bétail et manger de la viande dans toutes tes portes, selon les bénédictions que t'accordera l'Éternel, ton Dieu; celui qui sera impur et celui qui sera pur pourront en manger, comme on mange de la gazelle et du cerf.

Seulement, vous ne mangerez pas le sang *(la portion réservée à l'Éternel)*: tu le répandras sur la terre comme de l'eau (tu l'apporteras au serviteur de Dieu).

Tu ne pourras pas manger dans tes portes la dîme de ton blé, de ton moût et de ton huile, ni les premiers-nés de ton gros et de ton menu bétail, ni aucune de tes offrandes en accomplissement d'un vœu, ni tes offrandes volontaires, ni tes prémices.

Mais c'est devant l'Éternel, ton Dieu, que tu les mangeras, dans le lieu que l'Éternel, ton Dieu, choisira, toi, ton fils et ta fille, ton serviteur et ta servante, et le Lévite qui sera dans tes portes; et c'est devant l'Éternel, ton Dieu, que tu feras servir à ta joie tous les biens que tu posséderas. Aussi longtemps que tu vivras dans ton pays, garde-toi de délaisser le Lévite (le serviteur de Dieu).

Lorsque l'Éternel, ton Dieu, aura élargi tes frontières, comme il te l'a promis, et que le désir de manger de la viande te fera dire: je voudrais manger de la viande! Tu pourras en manger, selon ton désir. Si le lieu que l'Éternel, ton Dieu, aura choisi pour y placer son nom est éloigné de toi, tu pourras tuer du gros et du menu bétail, comme je te l'ai prescrit, et tu pourras en manger dans tes portes selon ton désir.

Tu en mangeras comme on mange de la gazelle et du cerf; celui qui sera impur, et celui qui sera pur en mangeront l'un et l'autre. Seulement, garde-toi de manger le sang, car le sang, c'est l'âme; et tu ne mangeras pas l'âme avec la chair.

Tu ne le mangeras pas: tu le répandras sur la terre comme de l'eau. Tu ne le mangeras pas, afin que tu sois heureux, toi et tes enfants après toi, en faisant ce qui est droit aux yeux de l'Éternel. Mais les choses que tu voudras consacrer et les offrandes que tu feras en accomplissement d'un vœu, tu iras les présenter au lieu qu'aura choisi l'Éternel.

Tu offriras tes holocaustes, la chair et le sang, sur l'autel de l'Éternel, ton Dieu; dans tes autres sacrifices, le sang sera répandu sur l'autel de l'Éternel, ton Dieu, et tu mangeras la chair. Garde et écoute toutes ces choses que je t'ordonne, afin que tu sois heureux, toi et tes enfants après toi, à perpétuité, en faisant ce qui est bien et ce qui est droit aux yeux de l'Éternel, ton Dieu.

Lorsque l'Éternel, ton Dieu, aura exterminé les nations que tu vas chasser devant toi, lorsque tu les auras chassées et que tu te seras établi dans leur pays, garde-toi de te laisser prendre au piège en les imitant, après qu'elles auront été détruites devant toi. Garde-toi de t'informer de leurs dieux et de dire: *comment ces nations servaient-elles leurs dieux? Moi aussi, je veux faire de même.*

Tu n'agiras pas ainsi à l'égard de l'Éternel, ton Dieu; car elles servaient leurs dieux en faisant toutes les abominations qui sont odieuses à l'Éternel, et même elles brûlaient au feu leurs fils et leurs filles en l'honneur de leurs dieux. Vous observerez et vous mettrez en pratique toutes les choses que je vous ordonne; vous n'y ajouterez rien, et vous n'en retrancherez rien. *(Deutéronome 12).*

LOI SUR TOUS LES SACRIFICES CONSACRÉS A L'ÉTERNEL

Ainsi parle l'Éternel aux sacrificateurs: *tout homme parmi vos descendants et de votre race, qui s'approchera des choses saintes que consacrent à l'Éternel les enfants d'Israël, et qui aura sur lui quelque impureté, cet homme-là sera retranché de devant moi.*

Tout homme de la race du souverain sacrificateur, qui aura la lèpre ou une gonorrhée, ne mangera point des choses saintes jusqu'à ce qu'il soit pur. Il en sera de même pour celui qui touchera une personne souillée par le contact d'un cadavre, pour celui qui aura une pollution, pour celui qui touchera un reptile et en aura été souillé, ou un homme atteint d'une impureté quelconque et en aura été souillé.

Celui qui touchera ces choses sera impur jusqu'au soir (jeûnera); il ne mangera pas des choses saintes, mais il lavera son corps dans l'eau; après le coucher du soleil, il sera pur, et il mangera ensuite des choses saintes, car c'est sa nourriture.

Il ne mangera point d'une bête morte ou déchirée, afin de ne pas se souiller par elle. Je suis l'Éternel.

Ils observeront mes commandements, de peur qu'ils ne portent la peine de leur péché et qu'ils ne meurent, pour avoir profané les choses saintes. Je suis l'Éternel, qui les sanctifie. Aucun étranger ne mangera des choses saintes; celui qui demeure chez un sacrificateur et le mercenaire ne mangeront point des choses saintes.

Mais un esclave acheté par le sacrificateur à prix d'argent pourra en manger, de même que celui qui est né dans sa maison; ils mangeront de sa nourriture. La fille d'un sacrificateur, mariée à un étranger, ne mangera point des choses saintes offertes par élévation.

Mais la fille d'un sacrificateur qui sera veuve ou répudiée, sans avoir d'enfants, et qui retournera dans la maison de son père comme dans sa jeunesse, pourra manger de la nourriture de son père. Aucun étranger n'en mangera. Si un homme mange involontairement d'une chose sainte, il donnera au sacrificateur la valeur de la chose sainte, en y ajoutant un cinquième.

Les sacrificateurs ne profaneront point les choses saintes qui sont présentées par les enfants d'Israël, et qu'ils ont offertes par élévation à l'Éternel; ils les chargeraient ainsi du péché dont ils se rendraient coupables en mangeant les choses saintes: car je suis l'Éternel, qui les sanctifie. Lévitique 22 : 3-19.

CHAPITRE 7

LE DROIT DES SACRIFICATEURS ET DES LÉVITES

Les sacrificateurs, les Lévites, la tribu entière de Lévi *(les serviteurs de Dieu en général)*, n'auront ni part ni héritage avec Israël; ils se nourriront des sacrifices consumés par le feu en l'honneur de l'Éternel et de l'héritage de l'Éternel. Ils n'auront point d'héritage au milieu de leurs frères: l'Éternel sera leur héritage, comme il le leur a dit.

Voici quel sera le droit des sacrificateurs sur le peuple, sur ceux qui offriront un sacrifice, un bœuf ou un agneau: on donnera au sacrificateur l'épaule, les mâchoires et l'estomac.

Tu lui donneras les prémices de ton blé, de ton moût et de ton huile, et les prémices de la toison de tes brebis; car c'est lui que l'Éternel, ton Dieu, a choisi entre toutes les tribus, pour qu'il fasse le service au nom de l'Éternel, lui et ses fils, à toujours.

Lorsque le Lévite quittera l'une de tes portes, le lieu quelconque où il demeure en Israël, pour se rendre, selon la plénitude de son désir, au lieu que choisira l'Éternel, et qu'il fera le service au nom de l'Éternel, ton Dieu, comme tous ses frères les Lévites qui se tiennent là devant l'Éternel, il recevra pour sa nourriture une portion égale à la leur, et jouira, en outre, des revenus de la vente de son patrimoine. *(Deutéronome 18 : 1-8).*

1- LE SOUVERAIN SACRIFICATEUR

Ainsi parle l'Éternel au souverain sacrificateur: *voici, de toutes les choses que consacrent les enfants d'Israël, je te donne celles qui me sont offertes par élévation; je te les donne, à toi et à tes fils, comme droit d'onction, par une loi perpétuelle.*

Voici ce qui t'appartiendra parmi les choses très saintes qui ne sont pas consumées par le feu: toutes leurs offrandes, tous leurs dons, tous leurs sacrifices d'expiation, et tous les sacrifices de culpabilité qu'ils m'offriront; ces choses très saintes seront pour toi et pour tes fils. Vous les mangerez dans un lieu très saint; tout mâle en mangera; vous les regarderez comme saintes.

Voici encore ce qui t'appartiendra: tous les dons que les enfants d'Israël présenteront par élévation et en les agitant de côté et d'autre, je te les donne à toi, à tes fils et à tes filles avec toi, par une loi perpétuelle. Quiconque sera pur dans ta maison en mangera. Je te donne les prémices qu'ils offriront à l'Éternel: tout ce qu'il y aura de meilleur en huile, tout ce qu'il y aura de meilleur en moût et en blé.

Les premiers produits de leur terre, qu'ils apporteront à l'Éternel, seront pour toi. Quiconque sera pur dans ta maison en mangera. Tout ce qui sera dévoué par interdit en Israël sera pour toi. Tout premier-né de toute chair, qu'ils offriront à l'Éternel, tant des hommes que des animaux, sera pour toi. Seulement, tu feras racheter le premier-né de l'homme, et tu feras racheter le premier-né d'un animal impur.

Tu les feras racheter dès l'âge d'un mois, d'après ton estimation, au prix de cinq sicles d'argent, selon le sicle du sanctuaire, qui est de vingt guéras. Mais tu ne feras point racheter le premier-né du bœuf, ni le premier-né de la brebis, ni le premier-né de la chèvre: ce sont des choses saintes. Tu répandras leur sang sur l'autel, et tu brûleras leur graisse: ce sera un sacrifice consumé par le feu, d'une agréable odeur à l'Éternel.

Leur chair sera pour toi, comme la poitrine qu'on agite de côté et d'autre et comme l'épaule droite. Je te donne, à toi, à tes fils et à tes filles avec toi, par une loi perpétuelle, toutes les offrandes saintes que les enfants d'Israël présenteront à l'Éternel par élévation. C'est une alliance inviolable et à perpétuité devant l'Éternel, pour toi et pour ta postérité avec toi. Nombres 18 : 8-19.

2- LES LÉVITES

Les Lévites sont les serviteurs de Dieu de second rang, divisés en plusieurs classes, qui travaillent sous la supervision du sacrificateur en chef dans une Église, inclus les anciens, les chantres, les portiers etc.

Voici leurs droits ordonné par le Seigneur: *je donne comme possession aux fils de Lévi toute dîme en Israël, pour le service qu'ils font, le service de la tente d'assignation. Les enfants d'Israël n'approcheront plus de la tente d'assignation, de peur qu'ils ne se chargent d'un péché et qu'ils ne meurent.*

Les Lévites feront le service de la tente d'assignation, et ils resteront chargés de leurs iniquités. Ils n'auront point de possession au milieu des enfants d'Israël: ce sera une loi perpétuelle parmi vos descendants. Je donne comme possession aux Lévites les dîmes que les enfants d'Israël présenteront à l'Éternel par élévation; c'est pourquoi je dis à leur égard: ils n'auront point de possession au milieu des enfants d'Israël. Nombres 18 : 21-24.

Lorsque vous recevrez des enfants d'Israël la dîme que je vous donne de leur part comme votre possession, vous en prélèverez une offrande pour l'Éternel, une dîme de la dîme; et votre offrande vous sera comptée comme le blé qu'on prélève de l'aire et comme le moût qu'on prélève de la cuve. C'est ainsi que vous prélèverez une offrande pour l'Éternel sur toutes les dîmes que vous recevrez des enfants d'Israël, et vous donnerez au sacrificateur l'offrande que vous en aurez prélevée pour l'Éternel.

Sur tous les dons qui vous seront faits, vous prélèverez toutes les offrandes pour l'Éternel; sur tout ce qu'il y aura de meilleur, vous prélèverez la portion consacrée. Quand vous en aurez prélevé le meilleur, la dîme sera comptée aux Lévites comme le revenu de l'aire et comme le revenu de la cuve.

Vous la mangerez en un lieu quelconque, vous et votre maison; car c'est votre salaire pour le service que vous faites dans la tente d'assignation. Vous ne serez chargés pour cela d'aucun péché, quand vous en aurez prélevé le meilleur, vous ne profanerez point les offrandes saintes des enfants d'Israël, et vous ne mourrez point. *(Nombres 18 : 25-32).*

L'autel de Dieu

L'autel est un endroit spécifique destiné exclusivement pour invoquer Dieu et pour lui rendre culte avec des sacrifices; c'est encore un lieu de recueillement et de rencontre entre l'homme et son Dieu; qui peut être aménagé dans la maison ou en pleine nature, et qui lui est dédicacé par un vœu, une prière et un jeûne *(voir II Chroniques 6 : 12-42)*. Il est aussi le sanctuaire qu'on place habituellement dans des chambres hautes des étages ou dans des Églises, afin de l'éloigner de nos souillures quotidiennes. A l'intérieur, on peut mettre une table neuve avec des coffres pour y placer les choses saintes comme l'huile d'onction, le sel, l'eau de purification et tout ce qui appartient à l'Éternel. Une nappe blanche au-dessus avec une Bible, et une chaise en arrière pour l'officiant et plusieurs en avant réservées aux visiteurs.

Pour invoquer le Seigneur, le célébrant ne doit point brûler l'encens ni allumer des chandelles ni dessiner des symboles quelconques sur l'autel, selon qu'il est écrit: *tu ne te feras point d'image taillée, ni de représentation quelconque des choses qui sont en haut dans les cieux, qui sont en bas sur la terre, et qui sont dans les eaux plus bas que la terre.* Exode 20 : 4.

S'il est situé dans la nature, l'endroit idéal sera sur la montagne où il y a de rochers. On superposera douze pierres non taillées et on versera dessus l'huile sainte, puis on procèdera à sa dédicace. Ces lieux seront maintenus en état de propreté absolue et on se gardera d'y pénétrer sans être purifié.

Si c'est dans une maison de location, lors du déménagement, on transportera en dernier lieu cet autel: *alors tous les serviteurs Dieu de cette maison se tiendront devant l'Éternel et se prosterneront devant lui, en disant: sors, toi et tout le peuple qui s'attache à tes pas! Après cela, je sortirai. Dit l'Éternel.* Exode 11 : 8.

CONCLUSION

Contrairement à ce que croient certains enfants de Dieu mal affermis dans leur foi, la loi de Dieu pour son peuple a juste été amendée par endroit à cause de la venue de Jésus-Christ, mais jamais abolie. Car le Seigneur Jésus-Christ est venu non pour abolir, mais pour accomplir. De même que les serviteurs de Satan utilisent la sagesse détaillée dans cet ouvrage de leur façon pour obtenir ce donc ils ont besoin par l'entremise des ordres ésotériques et des marabouts, de même, les enfants de Dieu doivent aussi le faire au nom de Jésus-Christ par les soins de ses serviteurs agréés.

Notre Seigneur l'a démontré par un exemple concret, lorsqu'il dit au lépreux qu'il avait guéri: ***va te montrer au sacrificateur, et offre pour ta purification ce que Moïse a prescrit, afin que cela leur serve de témoignage.*** Marc 1 : 44.

Avait-t-il vraiment besoin de le faire, lui le Dieu tout-puissant? Et s'il l'a fait sans hésitation, c'était par respect de loi qui est toujours en vigueur. N'est-ce pas là une preuve pour convaincre les indécis et ceux manquent cruellement de connaissance, qui altèrent la parole immuable de Dieu, disant qu'il suffit de prier au de Jésus pour obtenir tout ce dont on a besoin.

Si donc vous rejetez cette connaissance, le Seigneur vous rejettera aussi, et vous serez dépouillés de son sacerdoce; et parce que vous aurez oublié la loi de votre Dieu, il oubliera aussi vos enfants. *(Osée 4 : 6)*.

www.ingramcontent.com/pod-product-compliance
Lightning Source LLC
Chambersburg PA
CBHW071157090426
42736CB00012B/2357